文學研究叢書・戲曲研究叢刊

臺灣歌仔戲跨文化現象研究

楊馥菱　著

一心戲劇團

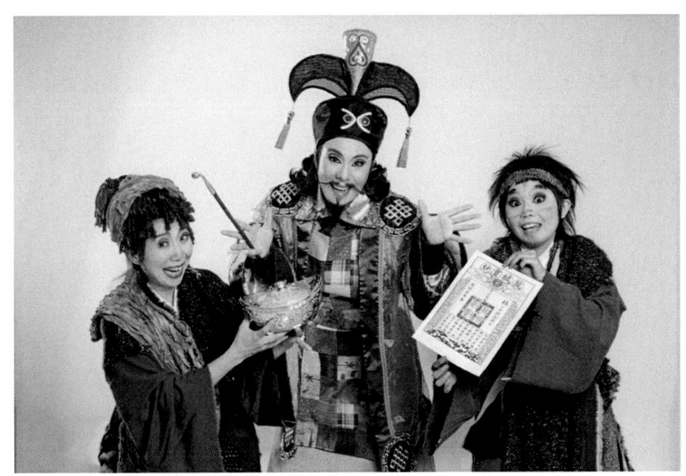

《Mackie 踹共沒？》1

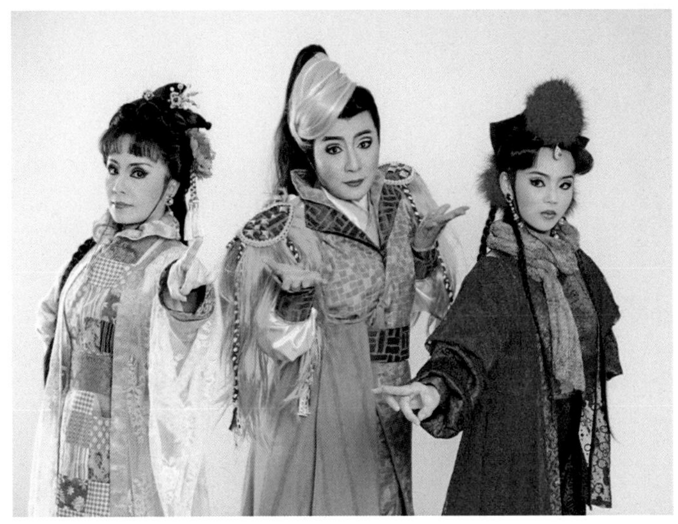

《Mackie 踹共沒？》2

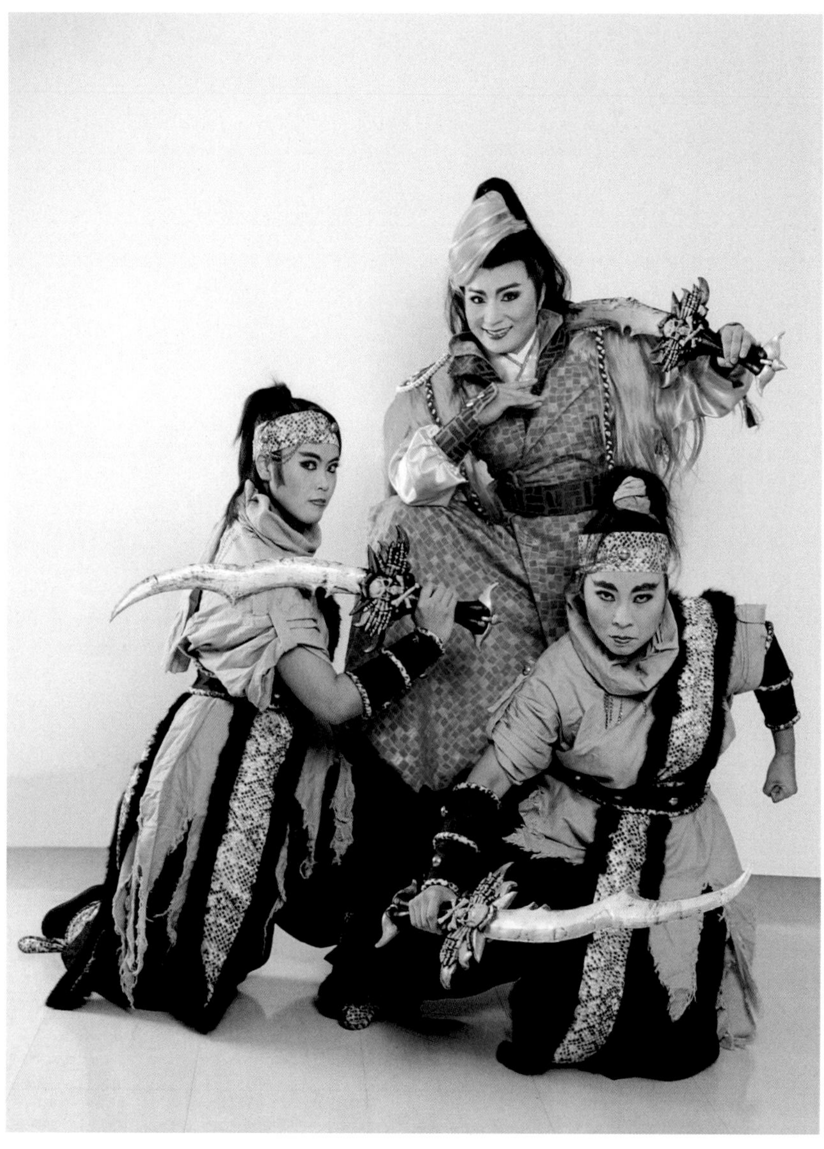

《Mackie 踹共沒？》3

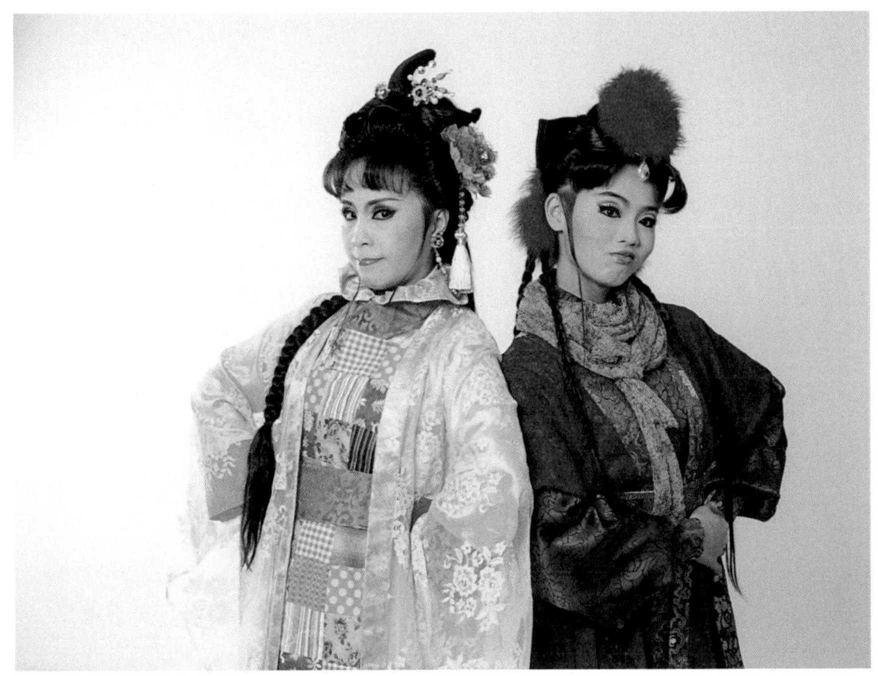

《Mackie 踹共沒？》3

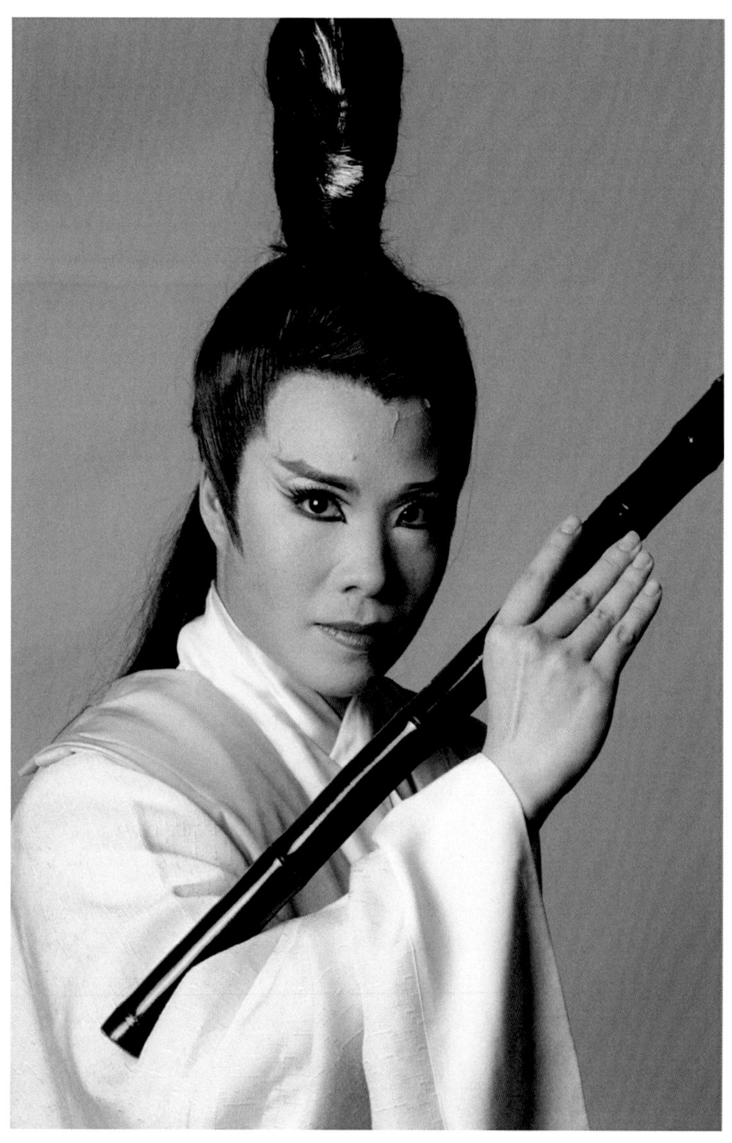

《狂魂》1

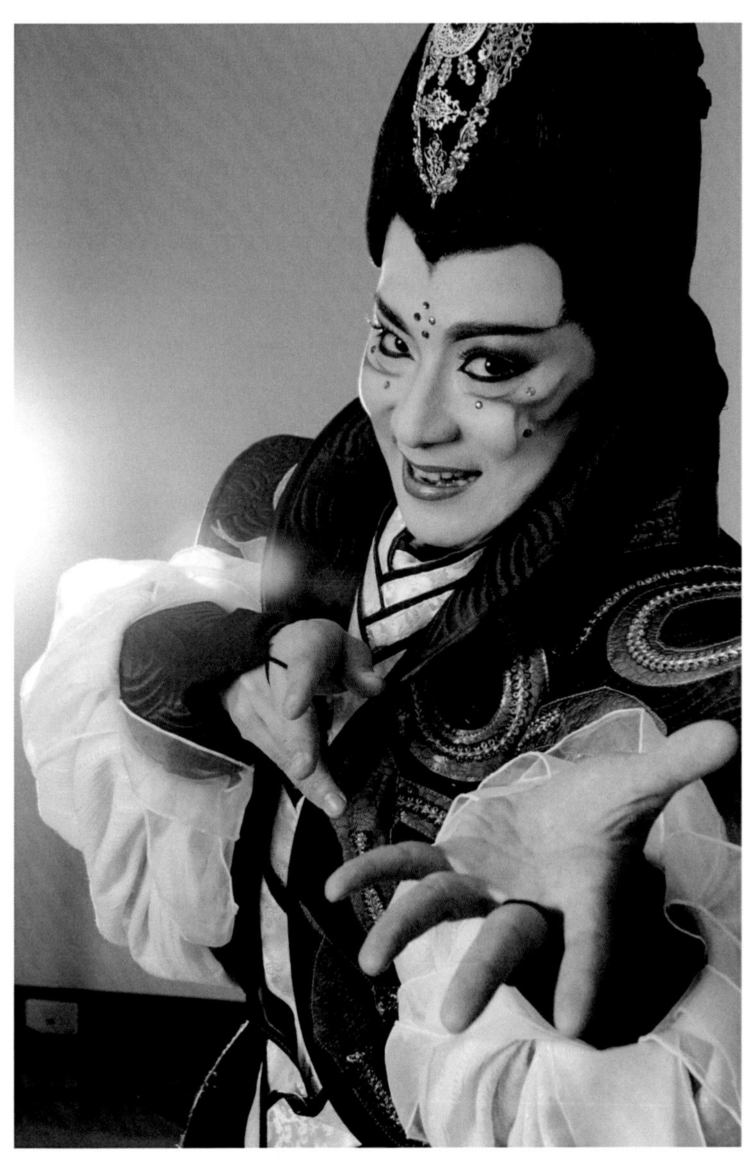

《狂魂》2

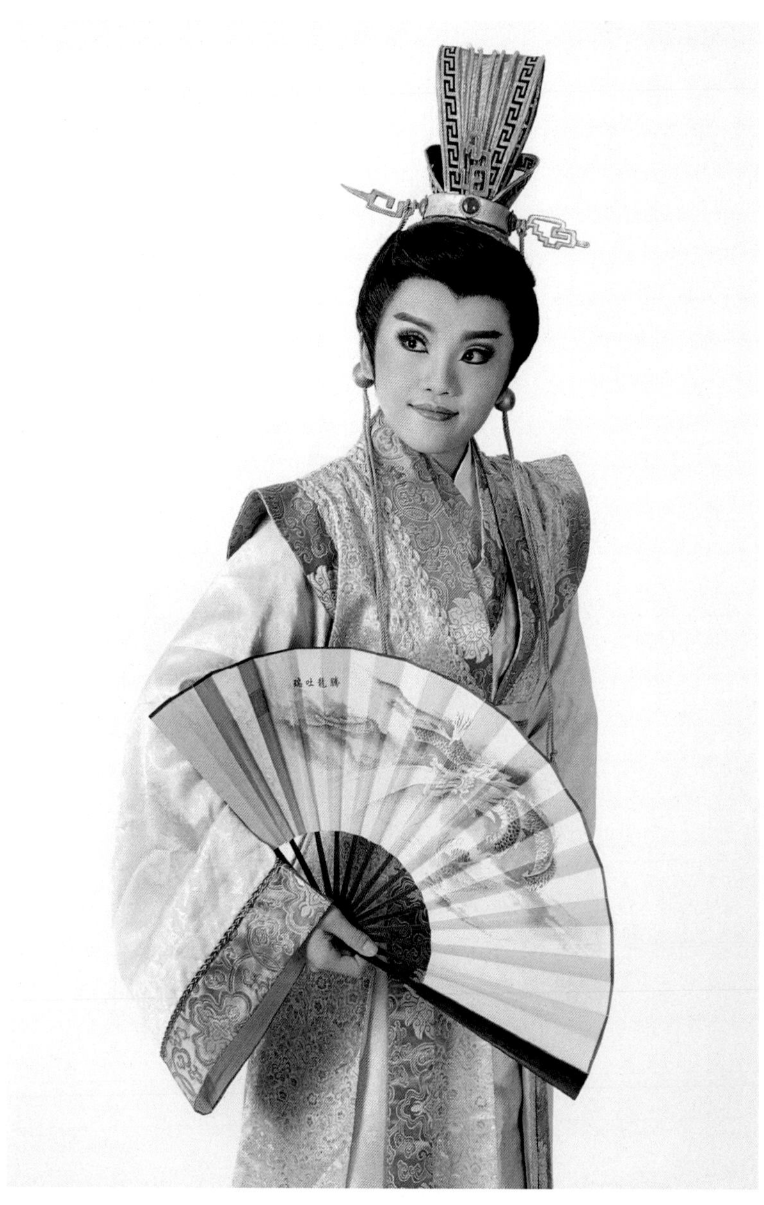

《狂魂》3

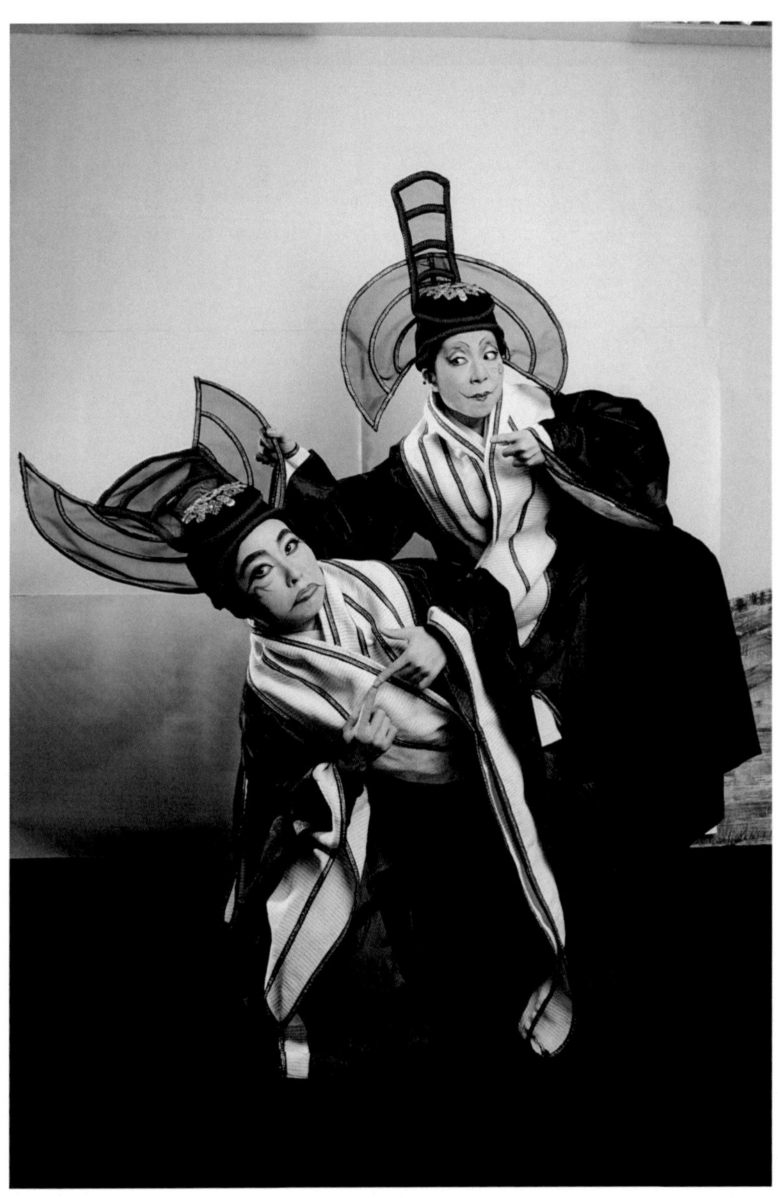

《狂魂》4

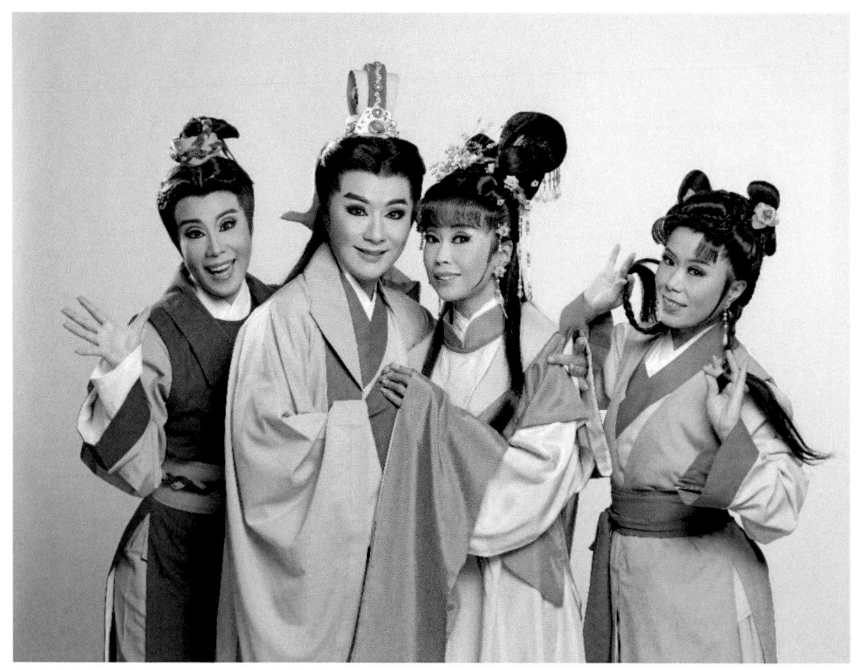

《啾咪！愛咋》1

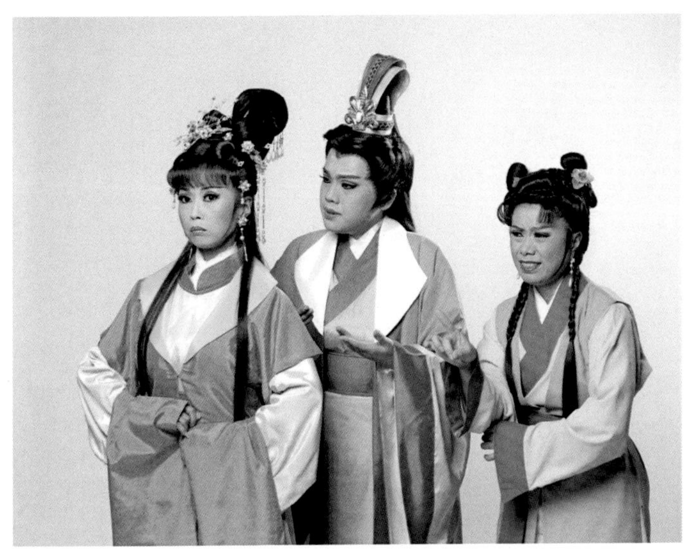

《啾咪！愛咋》2

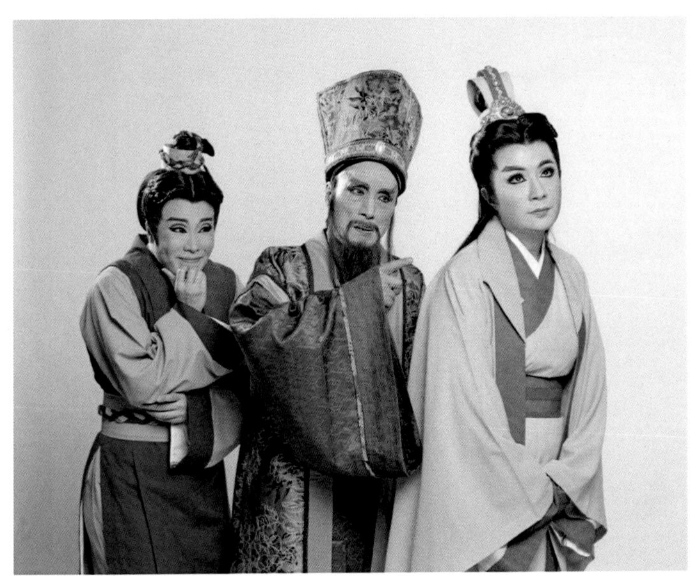

《啾咪！愛咋》3

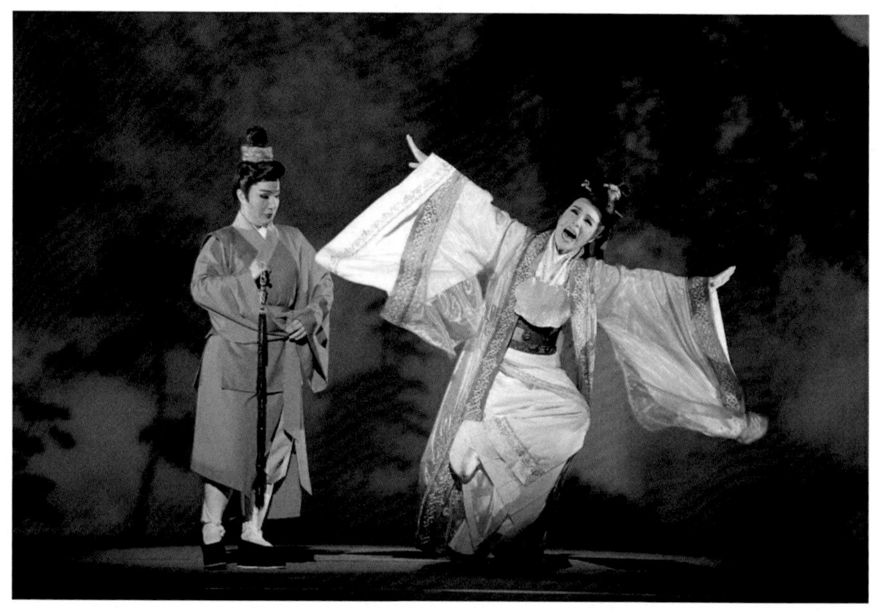

《啾咪！愛咋》4

——圖片由「一心戲劇團」提供

秀琴歌劇團

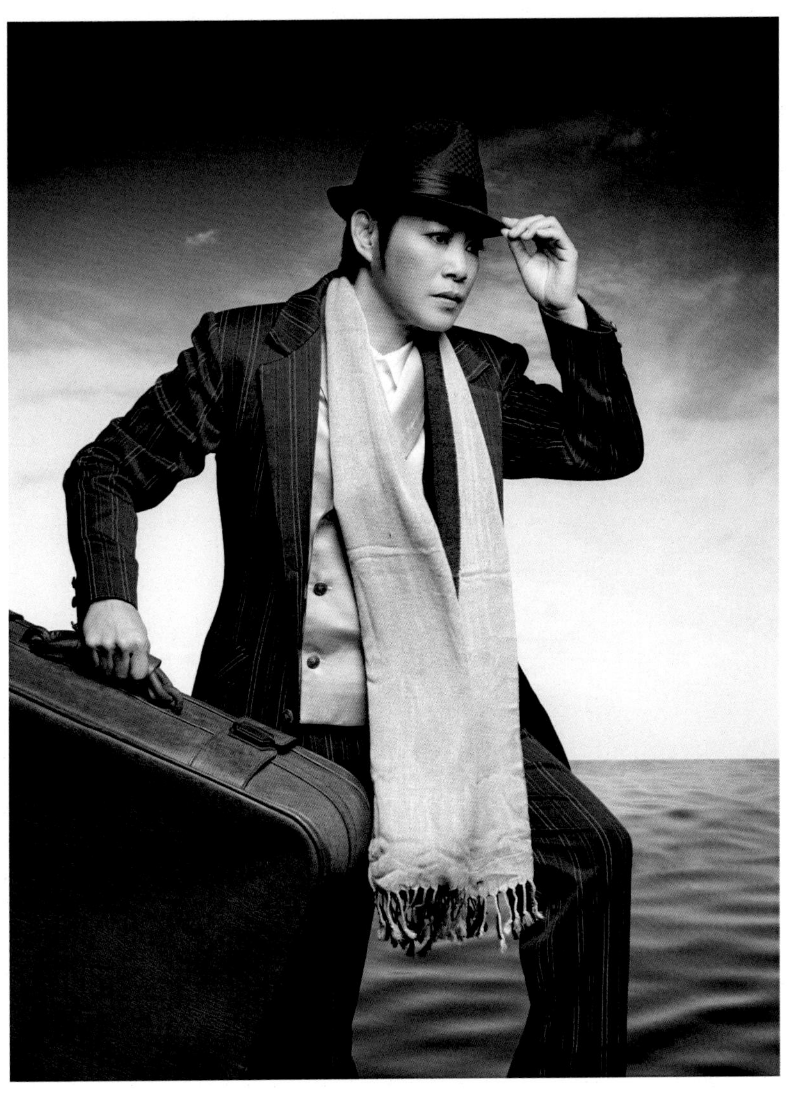

《安平追想曲》

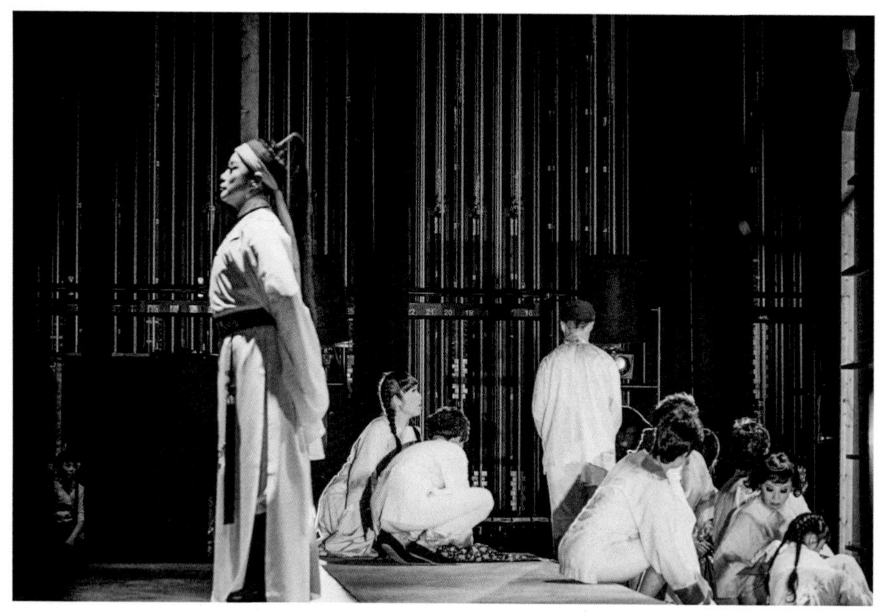

《罪》

——圖片由「秀琴歌劇團」提供

唐美雲歌仔戲團

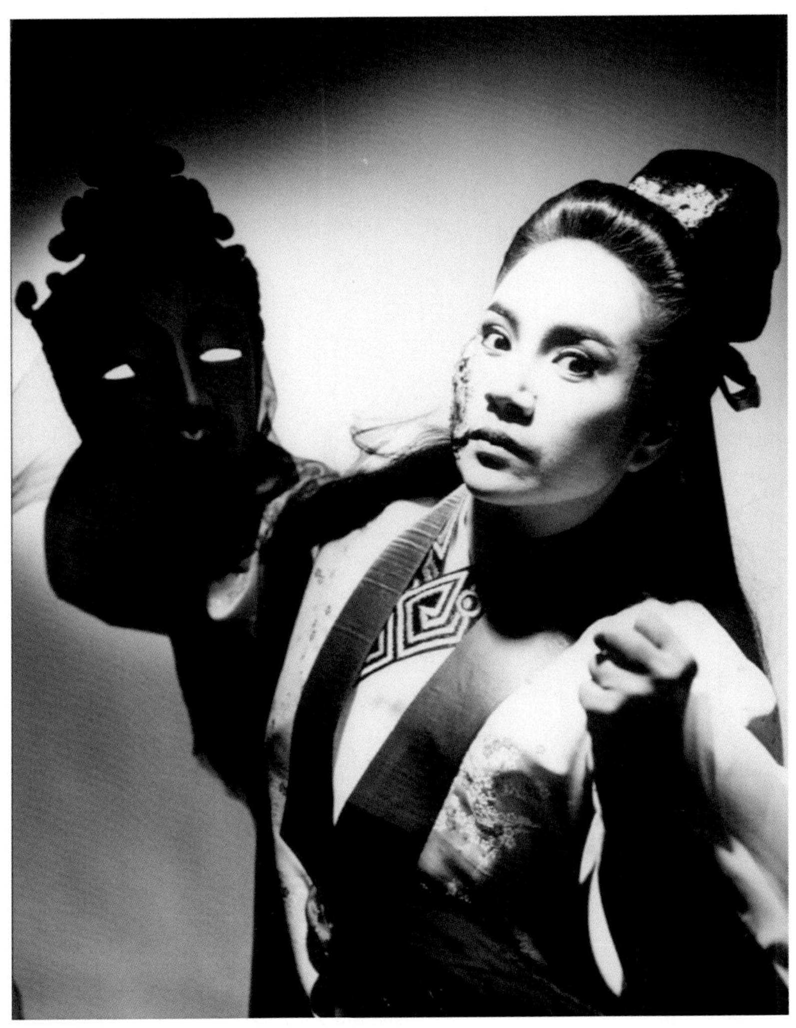

《梨園天神》1

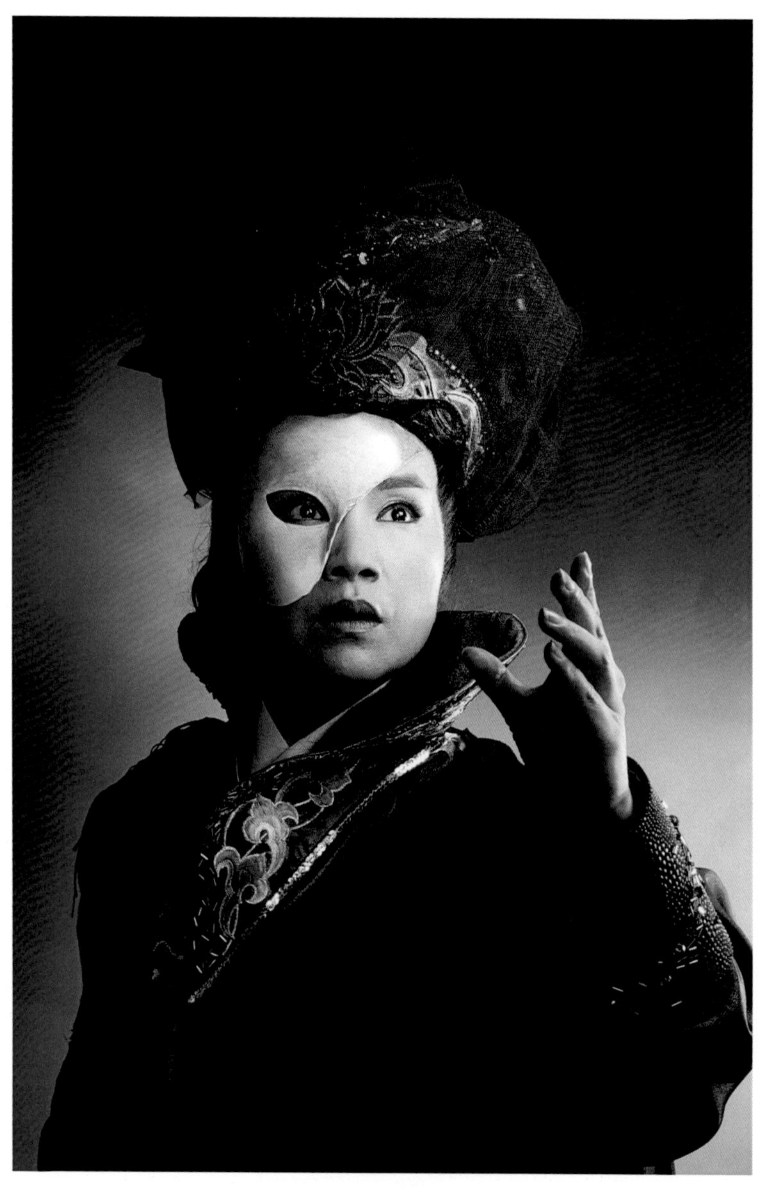

《梨園天神桂郎君》1

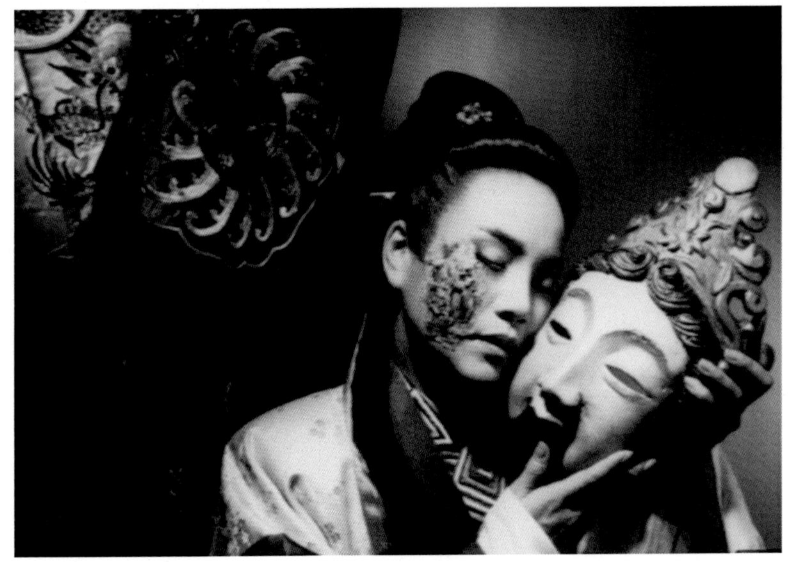

《梨園天神》2

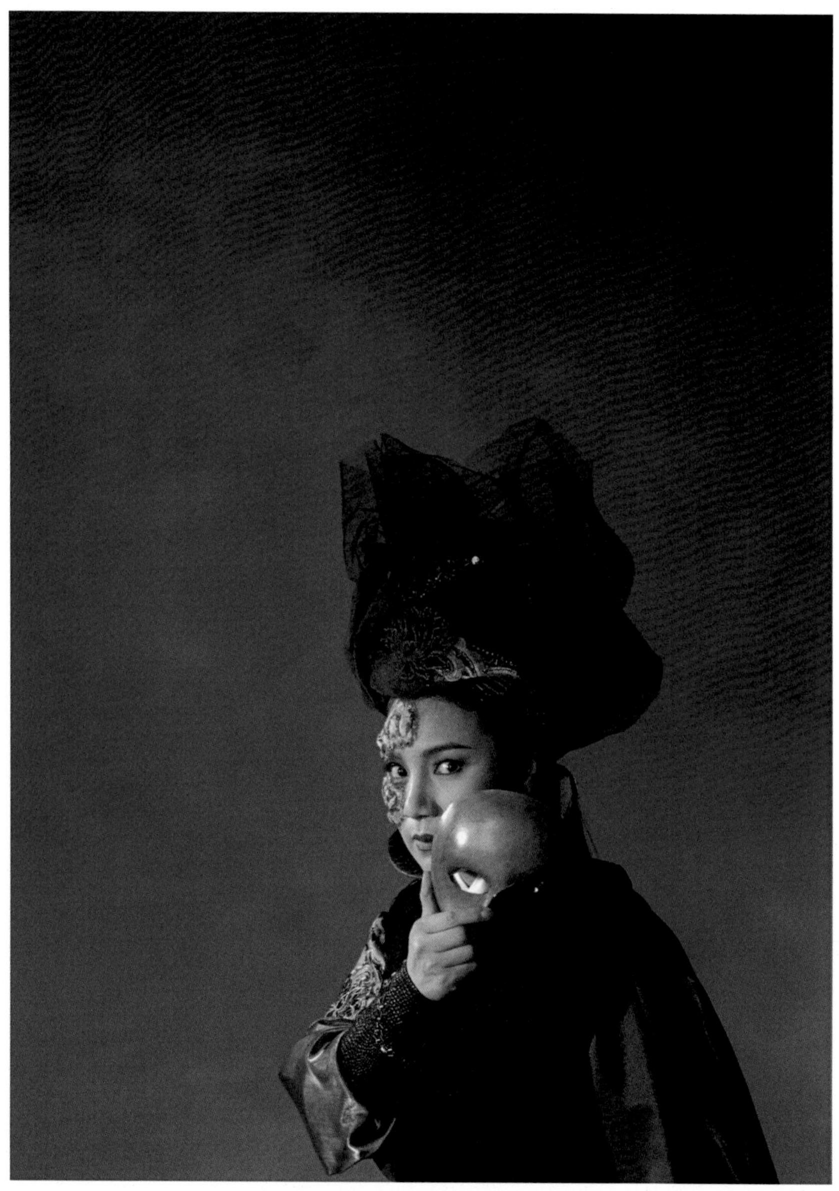

《梨園天神桂郎君》2

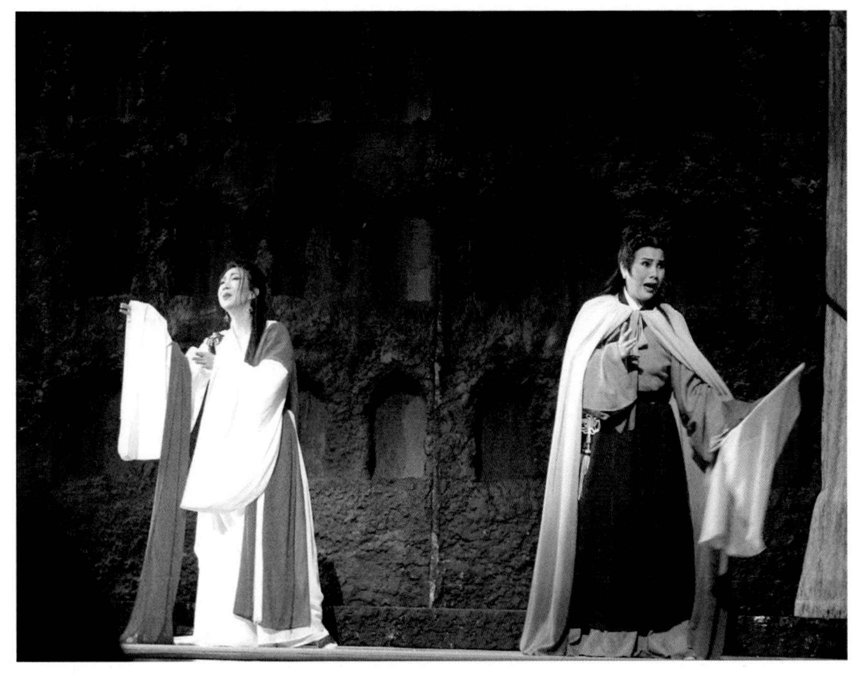

《梨園天神桂郎君》3

──圖片由「唐美雲歌仔戲團」提供

薪傳歌仔戲劇團

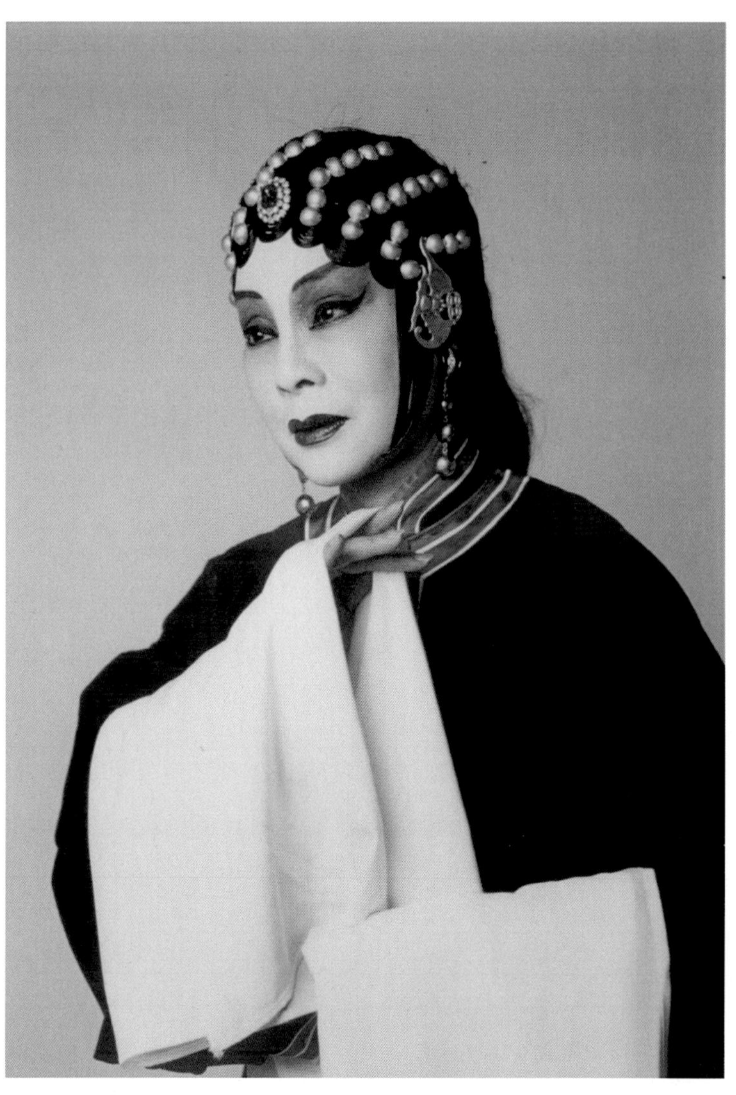

《王寶釧》

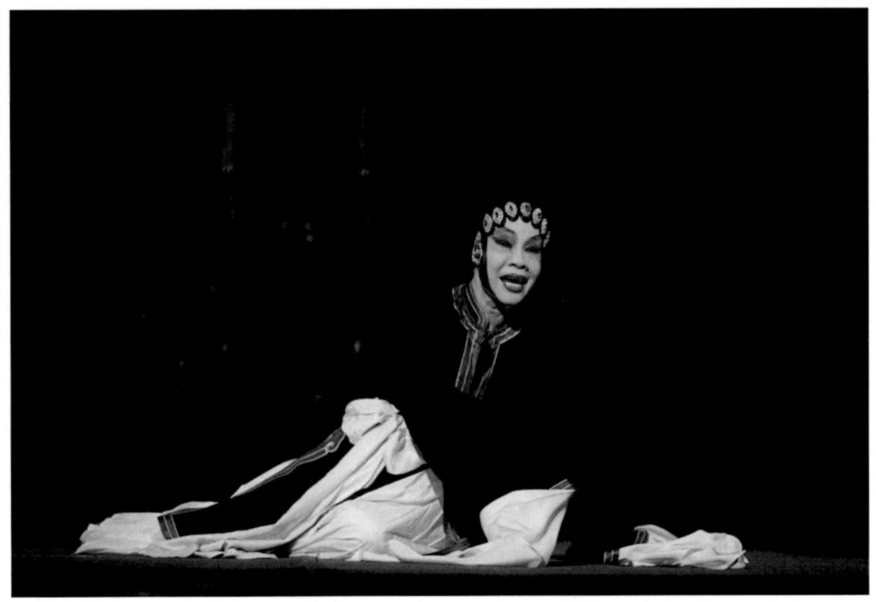

《牡丹風華折子戲王魁負桂英》

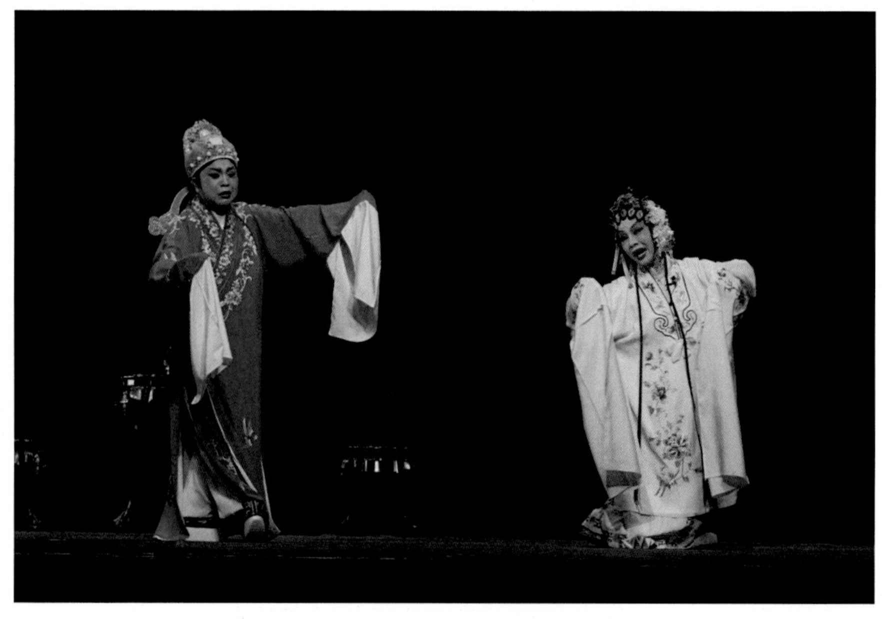

《牡丹風華折子戲樓臺會》

——圖片由「薪傳歌仔戲劇團」提供

目次

曾序

馥萎生長宜蘭，從小時就喜愛鄉土戲曲歌仔戲。從我治戲曲，碩士班以「楊麗花」為研究對象，博士班以《臺閩歌仔戲之比較研究》為論題，緊接其後，即有《臺灣歌仔戲史》，為兩岸學界所注目。擔任教職後，賡續前修，對歌仔戲之相關論題，如拱樂社錄音團、哭調源起、楊麗花之腳色運用，乃至其踏謠源生時之車鼓、竹馬小戲，皆有所論述。而近年則集中在歌仔戲跨文化現象之探討。

自從上世紀中葉以來，臺灣戲曲之歌樂，其「跨界」與「跨文化」之現象便層出不窮，為的是要革新戲曲，使戲曲別開生面。

所謂「跨界戲曲」，大抵指在語言腔調上，將劇種間之分野融於一爐，或擷取其部分以互補有無，以見新意；但其歌、舞、樂之作為藝術基礎，虛擬、象徵、程式之作為呈現基本原理，則保持不變。這種「跨界」交融之情況，早見於歷代劇種，如南戲、北劇之交化而蛻變為傳奇、南雜劇。

而所謂「跨文化戲曲」，是以中國傳統戲劇之「戲曲」為本位為主體，藉助外來異文化之戲劇劇目來豐富思想內涵，來改良藝術技法，使「戲曲」成為「現代戲曲」。但其藉助的基本原則，則有如「輸血」：A 型之血，止能輸入同質性之 A 型血，或異質性而可以融合之 O 型血；切不可輸入 B 型或 AB 型異質而無法融通之血。也就是說，藉助異文化劇目，旨在豐富或提升戲曲文學藝術之品質。因此，戲曲不合時宜之質性，固然可以去除，但其優美且所以見其特色之本質，則務須保留，其無以適應之外來元素切忌強為湊合。

據朱芳慧《當代戲劇鑑賞與評論》所著錄，自 1981-2016 年，臺灣「跨文化戲曲」改編劇目，有：京劇 23、豫劇 4、歌仔戲 24、客家大戲 1，總共 59 種。可見「跨文化戲曲」，已逐漸蔚為風潮，學者如鍾明德、馬森、石光生、段馨君、陳芳、朱芳慧等皆有專著論述；而若就劇種而言，京劇和歌仔戲顯得較為重要。

在「跨文化戲曲」的風潮之下，馥菱也將她長年研究的「歌仔戲」帶入其中，將一心歌仔戲劇團改編自布萊希特《三便士歌劇》之《mackie 踹共沒？》、據馬婁《浮士德悲劇史》和歌德《浮士德》融合改編之《狂魂》、改編馬里伏《愛情與偶然狂想曲》之《啾咪！愛咋》、秀琴歌仔戲劇團改編自希臘悲劇之伊底帕斯王之《罪》、唐美雲歌仔戲劇團將勒胡原著之《歌劇魅影》兩度改編之《梨園天神》與《梨園天神桂郎君》等六種「跨文化歌仔戲」劇目，仔細分析其原著與改編之間，其思想理趣、關目結構、人物塑造、語言音樂、舞臺美術等等之異同得失、衝突協調、撞擊觸發，吸收融會現象，從而認為：「戲曲跨文化之後，勢必要面對東西文化差異的調和。原著與改編之間的平衡、中西劇種特殊性的認識與掌握，若能讓新意與舊意之間有著完美調和，則是跨文化編創上最大的收穫與意義。」我想這樣的看法，是很值得「跨文化戲曲」編創者參考的。

馥菱由於熱愛鄉土，又有深入田野調查的經驗，所以其對歌仔戲之長年研究，其成績自是斐然可觀，其創發性之作《臺閩歌仔戲之比較研究》，與經本人校閱之《臺灣歌仔戲史》固已為喜愛或研究歌仔戲者應讀之書，即其對車鼓戲之名義定位、竹馬戲之改由十二生肖扮演當源自道教之「六丁六甲」、「哭調」之源起當直接因女性演員之加入等，也都有獨到性的見解；也可見馥菱治學是頗具創發性的。

我很高興馥菱在認真教學、熱心服務之餘，又有新書出版。我們都以教育為終身志業，所以「學不厭，教不倦」是我們的本分，也因此，唯有「百尺竿頭，蒸蒸日上」。馥菱其勉之！

2019年7月5日晨

曾永義序於臺北森觀

自序

1999年3月唐美雲歌仔戲團成立，首部創團作品《梨園天神》，即是改編自《歌劇魅影》。《歌劇魅影》一直是我非常喜歡的音樂劇，大學時期讀過法國作家卡斯頓·勒胡（Gaston Louis Alfred Leroux, 1868-1927）的翻譯小說，也收藏有安德魯·洛伊·韋伯（Andrew Lloyd Webber）的音樂劇《歌劇魅影》錄音帶，喜歡這部作品裡悲愴動人的愛情，更喜歡撼動我心的音樂旋律。2004年華納發行電影版《歌劇魅影》，劇中男女主角的形象與震撼的場景，把原著推向了更浪漫的境界與更夢幻的視覺饗宴。2006年唐美雲歌仔戲團吸收了電影《歌劇魅影》的內涵，再次改編而推出《梨園天神桂郎君》。2009年《歌劇魅影》來臺演出，同年7月我終於一償宿願，在臺北小巨蛋欣賞到百老匯的《歌劇魅影》，精彩的演出讓我至今難忘！

2011年我便以梨園天神的兩次創作為題，撰寫了〈歌仔戲的跨文化編創——談梨園天神的兩次創作〉，宣讀於「2011跨越與實踐：戲曲表演藝術學術研討會」，開啟了我在「現代劇場歌仔戲」跨文化現象的研究。然而這一年我的人生發生重大變化，我的第一個孩子出世，為了照顧孩子，我請了育嬰假。老天特別眷顧我，育嬰假期間，我接二連三生下老二老三，於是前後我共請了七年的育嬰假。七年的全職媽媽好似暫時隔離了我和教育界與學術界的連結，但事實上返回職場一直是我所期待的，而跨文化編創的學術議題，我更是沒放棄。育嬰假期間我仍舊想盡辦法寫論文，大多時候是趁孩子午睡或半夜爬起來寫，零散時間的寫作，讓我的學術進度猶如龜速。雖是如此，每當學術上有所斬獲與成果，仍能讓我心滿意足，某些片刻甚至能懷想起當年撰寫博士論文的熱忱與成就感，這零光片羽的喜悅，猶如微弱的燭光在暗夜中隱隱發亮，豐富了育嬰生涯。

本書《臺灣歌仔戲跨文化現象研究》所包含的議題有：〈一心歌仔戲《Mackie 踹共沒？》改編《三便士歌劇》之跨文化編創研究〉、〈罅隙與衍異——談歌仔戲《罪》之跨文化編創〉、〈從西方浮士德到東方狂魂——戲曲跨文化編創之文本比較研究〉、〈歌仔戲之跨文化編創——談梨園天神的兩次創作〉、〈臺灣拱樂社錄音團及其跨文化現象之探討〉，這些內容是我近年觀察臺灣歌仔戲跨文化現象的心得。其中，拱樂社一篇雖是較早期的研究，但因其議題仍牽涉跨文化，考量主題研究的完整性與連續性，今重新予以大幅修改與補充，收入本書。

此外，另有三篇跨文化單篇論文，發表於匿名審查制度的期刊學報：〈一心歌仔戲《狂魂》改編浮士德之書寫策略探討〉（臺灣戲曲學院《戲曲學報》，第19期，2018年12月）、〈試探跨文化戲曲《啾咪！愛咋》之跨文化導演的創作及其藝術特色〉（國立成功大學藝術研究所《戲劇論衡》，復刊第10期，2018年12月）、〈歌仔戲《啾咪！愛咋》改編《愛情與偶然狂想曲》之跨文化編創探討〉（臺北市立大學中語系《北市大語文學報），第20期，2019年6月），這三篇論文的內容皆有別於本書所收錄之論文，雖未收錄於本書，但仍是我跨文化系列研究的相關著作。上述以歌仔戲跨文化為題的系列研究，是我近年的一些小心得，也是未來朝向歌仔戲跨文化史研究的基礎。

重返教學現場一年，如今得以將這些年努力的成果集結成書，心裡除了感激還是感激。真要感謝諸多師長及貴人的提攜與幫忙。首先是我最敬愛的師傅曾師永義，拜於曾師門下二十三載，期間經歷人生幾番波折，曾師和師母始終支持我鼓勵我。育嬰假期間，曾師更是督促我撰寫論文，並不厭其煩的審視我的論文，給我諸多寶貴意見，期望我能在學術上更加精進。如今《臺灣歌仔戲跨文化現象研究》得以付梓，真要感謝當時曾師對我的期許與鼓勵，我不敢怠慢老師的囑咐，唯盡力而已。此外，曾師也時時叮嚀我重返職場當一位稱職的老師，甚至希望我在帶孩子之餘，能把握時間多充實中國古籍，好讓自己返回職場前能有充沛的知識與最好的準備，曾師開的書單從左傳、尚書到明清傳奇都有，而我每日在奶粉尿布堆裡殘喘，其實是無暇與無心翻閱這些經典的。不過因為陪伴孩子閱讀，倒是看了幾百本的繪本書，其中改編西方經典故事的兒童繪本，一直是我很喜歡的類型，去年我還跟大兒子一起改編十八世紀的英國童話《三隻小豬》而為《聰明的三隻小豬》劇本，榮獲臺北市立大學附設實驗國小低年級組親子創作劇本特優。可以見得，我對於跨文化議題充滿興趣！

其次，還要感謝系上梁主任淑媛及同事的鼓勵，這麼多年的育嬰假沒把我給忘了，仍舊一樣的溫暖親切，我想我是幸運的。也要感謝萬卷樓出版社，總經理梁錦興先生、副總經理張晏瑞先生、編輯陳胤慧小姐，給予我諸多協助，還有每一位為了這本拙著辛苦加班的朋友。還要感謝編劇家孫富叡先生、莊金梅小姐、劉建幗小姐、施如芳小姐，感謝他們寫出好戲，還慷慨提供劇本讓我進行學術研究。更感謝唐美雲歌仔戲團、一心戲劇團、秀琴歌劇團，認真製作好戲，並提供精采的劇照與 DVD，讓本書得以更加充實與豐富。感謝洪瓊芳教授、王瓊玲教授幫我引薦劇團，協助商借劇本劇照，讓本書得以順利完成。還有要感謝曾經匿名審查過我的論文，並賜予寶貴意見的每一位評審委員。

最後最要感謝我親愛的家人，我的母親總是支持鼓勵我，看著我跌跌撞撞，一路相陪無怨無悔，只求我平安幸福。外子包容我的一切，給予我最大的支持，育嬰假期間時常鼓勵我，他總說:「等妳回職場，去發光發熱吧！」他是認真的，當我瘋狂寫論文時，他會默默把孩子們帶出門，陪三個孩子玩到精疲力竭才回家。論文撰寫期間，更是細心幫我調養身體，時時叮嚀我別太勞累，他真是我人生的最佳隊友。當然，我最疼愛的三個孩子，雖然佔據了我生活大多數時間，也是讓我學術之路猶如龜速的始作俑者，但我仍極愛他們，並甘之如飴。最後，一直鼓勵我，期許我朝學術之路努力的父親，在育嬰假期間離開了我，我相信這一切的因緣和合與貴人相助，一定跟他老人家的保佑與守護脫不了關係。而我真的很想跟他說:「老爸！遵照我們的約定，我辦到了！！」

第一章
緒論

第一節　研究動機與目的

臺灣戲曲的發展與生態，一直是筆者所關注的研究課題。2001年筆者完成博士論文《臺閩歌仔戲之比較研究》，[1]整理、爬梳並探討了兩岸歌仔戲百年來的起源流播與發展變遷，更蒐羅了兩岸歌仔戲劇團的演出現況，並進行表演風格比較。筆者在《臺閩歌仔戲之比較研究》專著中，分別就「臺灣歌仔戲之淵源、形成與發展」、「歌仔戲流入福建及其傳播與發展」、「臺閩歌仔戲之劇目與音樂比較」、「臺閩歌仔戲之導演風格與舞臺美術比較」、「臺閩歌仔戲之現況比較與交流情形」、「臺閩歌仔戲共生共榮可行之道」這六個方向，企圖為兩岸同根並源的歌仔戲建構出全面性的研究成果。隔年，筆者將歌仔戲研究範圍界定在臺灣，從史觀的角度出發，著有專書《臺灣歌仔戲史》。[2]分別就「臺灣歌仔戲的淵源」、「臺灣歌仔戲的形成」、「臺灣歌仔戲的外流、危機與振興」、「臺灣歌仔戲的轉型」、「臺灣歌仔戲朝向精緻發展的歷程」、「臺灣歌仔戲的現況」、「臺灣歌仔戲的維護與保存」幾個方向進行討論，以全面性的角度試圖建構臺灣歌仔戲的發展史。

1　楊馥菱：《臺閩歌仔戲之比較研究》，輔仁大學中國文學研究所博士畢業論文，2001年。同年由學海出版社出版。

2　楊馥菱：《臺灣歌仔戲史》（臺中市：晨星出版社，2002年），曾師永義校閱。

這兩本拙作雖奠定了筆者研究的基礎，然而在撰寫論文過程中，筆者發現仍有諸多學術上的議題仍待努力。近年在教學上，時常與學生討論現代劇場歌仔戲之內涵與生態，筆者深感現代劇場歌仔戲之多元與豐富，值得投入更多討論與關注。尤其，邁入新世紀之後，資訊的發達與簡便，國際地球村的概念，西方跨文化的思潮襲來，影響所及，現代劇場歌仔戲也有了別於以往的不同發展面貌與多異風格。

受到西方跨文化劇場的影響，臺灣戲曲界開始嘗試並熱衷跨文化編創，藉由陌生西化的題材來充實傳統戲曲主題思想較為薄弱的問題，臺灣「跨文化戲曲」的產生自是有其時代背景與發展脈絡。60年代西風東漸，現代主義、存在主義等西方思潮大舉進入臺灣，70年代鄉土文學論戰，讓臺灣知識份子思索本土文學藝術，80年代「小劇場」經過風起雲湧的「劇場十年」，徹底改寫臺灣現代劇場面貌，「小劇場」成為臺灣藝文界最活躍的新潮流。1980年「蘭陵劇坊」推出《荷珠新配》，在形式上融合了西方現代劇場和中國傳統戲曲，引起藝文界共鳴，至此80年代的「實驗劇場」開啟了臺灣劇場各種各樣的實驗與創新。另一方面，崛起於1979年的「雅音小集」，首先將「現代劇場觀念」引進京劇界，讓導演、燈光布景、服裝設計成為傳統戲曲創作中不可或缺的一環，使京劇朝向現代新興精緻文化藝術而努力，「雅音小集」可說是為傳統戲曲與現代劇場之間開啟了對話空間。在這股戲劇潮流刺激之下，傳統戲曲為開創新局，借助「跨文化改編」以一新耳目，也成為西風東漸後文化撞擊下所發展出的新生態。

80年代傳統戲曲走進現代劇場，除了仿效西方劇場的機制與手法，也嘗試將西方文學作品移植於本土。1981年空軍大鵬劇隊改編尤內斯科（Eugene Ionesco）荒謬劇《椅子》（*Chairs*）演出《席》，開啟傳統戲曲與西方文化的對話。該劇創作的緣起係因《椅子》的原著作者尤內斯柯受臺灣官方的邀請抵臺訪問，胡耀恆、黃美序等戲劇學者想以京劇的豐厚身段與做表來演出《椅子》，好讓這位貴賓留下深刻印象，於是邀集了戲曲編劇魏子雲及京劇名角哈元章、馬元亮等加入團隊，並由空軍「大鵬劇隊」支援演出。這次「跨文化」的挑戰與嘗試影響了臺灣傳統戲曲界。

1986年當代傳奇劇場改編自莎士比亞《馬克白》的《慾望城國》，更是跨出改變傳統戲曲的一大步，打響了京劇改革的口號。當代傳奇劇場以京劇豐厚的表演程式為基底，選擇以莎士比亞（如《馬克白》、《哈姆雷特》）、希臘悲劇（如《米蒂雅》、《奧瑞斯提亞三部曲》）作為改編的來源，而創作出諸多膾炙人口的作品：《慾望城國》、《暴風雨》、《李爾在此》、《王子復仇記》、《樓蘭女》、《奧瑞斯提亞》等。其「跨文化改編」的創新與實驗的做法，對臺灣戲曲界產生極大的影響與啟發。

90年代「現代劇場歌仔戲」在這股戲曲現代化與西化的環境刺激之下，也開始挑戰跨文化創作。然而歌仔戲此一活潑多樣的本土劇種，在其發展歷程中早已有豐富的「跨文化」經驗。也就是說，移植國外劇作雖是創新傳統戲曲的一個方向，但這對於活潑多樣、創新變異的歌仔戲而言並非難事，甚至早有脈絡可依循。日治時期歌仔戲演出日人所編寫的「改良戲」：《一死報國》、《母性光輝》、《鞍馬天狗》、《水戶黃門》等，還有改編自日本小說及電影的《龍俠黑頭巾》、《神州天馬俠》等，雖是囿於政治因素所做的演出，殖民意味濃厚，但已經可視為歌仔戲進行跨文化融合的改變。內臺歌仔戲時期，拱樂社錄音團將西方古典音樂放入歌仔戲錄音團盤帶中，作為演出的背景音樂，塑造出具有「演唱曲調古今不拘，背景音樂中西不限」的特色，成為另一種跨文化融合的表現。而日本文學作品《里見八犬傳》、《宮本武藏》、《冰點》也成為歌仔戲走入內臺後時常挪移借用的題材，形成後殖民色彩濃烈的風格。

外臺歌仔戲的胡撇仔戲從劇目、劇情、音樂、演員的妝扮，涵容了臺灣、西洋、日本等多種文化元素於其中，大量吸收新劇、歌舞劇、西洋音樂、電影素材，形成跨文化的多元表演風貌。1960年代「日月園劇團」與「新南光劇團」參與電影歌仔戲的拍攝，所推出的《一千零一夜》、《新天方夜譚》（日月園劇團）、《阿里巴巴四十大盜》（新南光劇團）也是吸收西方故事轉化為歌仔戲的跨文化現象。

電視歌仔戲時期，開始朝向歐美文學作品取材，1980年由小明明主演的《臥虎藏龍》即是改編自《羅密歐與茱麗葉》。可以見得，吸收國外的文學與音樂，將之融入戲曲表演藝術中，可說是歌仔戲廣納各種元素的劇種特色之一。移植國外劇作雖是創新傳統戲曲的一個方向，但這對於活潑多樣、創新變異的歌仔戲而言並非難事，甚至早有脈絡可依循。

1996年11月河洛歌子戲團改編俄國果戈里《巡按使》，於臺北社教館演出。該劇委請大陸閩劇編劇家陳道貴將原著改編成戲曲形式，再由陳德利在語言及情節上修改潤飾，蔣建元擔任導演。隔年，洪秀玉歌仔戲劇團改編莎士比亞的《哈姆雷特》而為《聖劍平冤》，編劇為黃英雄。之後薪傳歌仔戲劇團、秀琴歌劇團、唐美雲歌仔戲團、海山戲館、臺灣春風歌劇團、尚和歌仔戲劇團、春美歌劇團、一心戲劇團都先後推出跨文化歌仔戲。在這股跨文化改編潮流的影響下，現代劇場歌仔戲以移植西方劇作，作為票房的保證，儼然成為一種嚐鮮與挑戰。

由於跨文化編創大多是在異質文化與傳統思維之間尋找對應的窗口，有些是直接將外國故事的框架套入傳統封建社會的思維中，也有採取部分挪移的改編方式，甚至也有避開難以詮釋的嚴肅主題。這些手法與策略，是無法解決東西文化撞擊的跨文化問題，片段的改編容易造成情節上的不連貫與疏漏，生硬的套用則只是為了避免文化上的隔閡，迴避原創精神，而以不當的改編來取代原本可以跨越時空傳達給觀眾的主題，造成作品失去了感動人心的力量，是非常可惜的。

臺灣歌仔戲的跨文化編創究竟應該立於什麼樣的基準，才不至於淪為東施笑顰、囫圇吞棗？是移植還是套用？是融合還是再創造？如何攫取西方文本的精隨與優點，轉化成為本土戲曲的營養與優勢？筆者認為這是面對與處理跨文化時最需思考的。以這些跨文化作品為學術上的研究對象，藉由原著與改編本的比較，進行跨文化改編與創發的討論，除了可以觀察臺灣歌仔戲的發展脈動，貼近觀眾的審美趣味與戲曲現象觀察，還可以作為日後從事跨文化編劇的參考。

承上所言，現代劇場歌仔戲的跨文化，並不是偶然突發，而是有歷史脈絡演變可循。筆者以為臺灣歌仔戲的跨文化現象當從其歷史發展與劇種演變的各個歷程去做全面的觀察與爬梳。然此一議題十分龐大，非筆者現階段所能完成，還需待日後持續努力。然而筆者於本書中試圖先拋出此一議題，追溯歌仔戲史上跨文化的幾個歷程，先就內臺歌仔戲時期的拱樂社錄音團為例，探看其錄音團內容，試圖挖掘其跨文化風貌與特色。

南臺灣的外臺歌仔戲長期存在著錄音帶演出現象，演出時劇團播放錄音帶，舞臺上的演員只需做身段而不演唱。事實上，這是曾締造歌仔戲王國的「拱樂社歌仔戲劇團」所流傳下來的表演方式，也就是說陳澄三所創發的錄音團，在內臺歌仔戲銷聲匿跡之後，流播到了民間外臺劇團，反倒在外臺戲裡起死回生了。這期間是如何變異？當年拱樂社錄音團的演出內容究竟為何？歌仔戲史上這段只舞不歌的戲曲演出究竟是如何的風貌？這些問題在筆者田野調查時有了新發現與突破。高雄八仙歌劇團（原拱樂社正團）所保留的拱樂社錄音帶，給予筆者重新檢視與挖掘歌仔戲學術上尚待填補與勾勒的一段歷史風貌。事實上，拱樂社錄音團的音樂是充滿跨文化風格的，如此說來，錄音團在臺灣歌仔戲史上扮演何種意義？而作為跨文化脈絡下的內臺歌仔戲時期的跨文化，其面貌究竟為何？凡此種種都值得關注與留意的。

90年代迄今，現代劇場歌仔戲的跨文化編創已累積不少作品，其總數量甚至超越京劇與豫劇，雖然如此，關於這領域的相關研究比起京劇與豫劇，卻是相對薄弱許多，殊為可惜，而這正是筆者這些年朝向歌仔戲跨文化研究的動機與目的。本書《臺灣歌仔戲跨化現象研究》特將研究論述聚焦於現代劇場歌仔戲之跨文化作品分析與研究，以及內臺時期拱樂社錄音團的跨文化現象探討。本書針對五部現代劇場歌仔戲之跨文化作品，進行原著與改編本的比較研究，並分析每齣戲的藝術風格，探討其特色與優劣，以及原著與改編之間的演繹與衍異關係。希冀本書能對於歌仔戲跨文化之相關論題有所爬梳與釐清。

第二節　學界相關研究成果

西方跨文化劇場理論的提出與建構，可說是近二、三十年來相當受到矚目的研究。臺灣的戲劇環境也在諸多學者，如：馬森、鍾明德、胡耀恆、黃美序、戴雅雯、呂健忠、彭鏡禧、石光生、陳芳、朱芳慧、黃千凌、段馨君等人的引介與研究，以及劇場工作者：吳興國、林秀偉、呂柏伸等人的推動與實踐之下，而有了不斐的成績與視野，這些學者與劇場工作者的努力也都間接促成戲曲界跨文化以及戲劇界跨文化風潮的推動。

本書旨在討論戲曲跨文化，因而針對戲曲跨文化之研究成果進行說明，跨文化戲劇的研究因不在本書的研究範疇內，因此不列入討論。傳統戲曲進行跨文化的相關研究，主要可分為京劇、豫劇及歌仔戲來觀察。自從當代傳奇劇場改編自莎士比亞《馬克白》的《慾望城國》，跨出改變傳統戲曲的一大步之後，京劇與豫劇，無論在劇本創作與研究上都累積出不少成果。盧健英著有《絕境萌芽：吳興國的當代傳奇》，[3]記錄當代傳奇劇場的創團經歷與吳興國對於戲曲跨文化的理念。朱芳慧曾針對京劇《慾望城國》（當代傳奇劇場）、《弄臣》（臺北新劇團）進行跨文化分析，而有〈新編京劇《慾望城國》之跨文化改編（1986）〉、〈新編京劇《弄臣》之跨文化改編（2008）〉。[4]陳芳則是針對京劇：《暴風雨》、《王子復仇記》（當代傳奇劇場）、《胭脂虎與獅子狗》（臺北新劇團），而有論文：〈『禪』與吳興國的『莎戲曲』《暴風雨》〉、〈《哈姆雷》的戲曲

3　盧健英：《絕境萌芽：吳興國的當代傳奇》（臺北市：天下遠見，2006年）。

4　這兩論文收錄於朱芳慧：《跨文化戲曲改編研究》（臺北市：國家出版社，2012年）。

變相〉、〈『馴悍』變奏曲：《胭脂虎與獅子狗》的啟示〉[5]。

在豫劇部份，陳芳針對自己參與的跨文化劇作：《約／束》、《量・度》、《背叛》、《天問》（臺灣豫劇團）進行跨文化研究，而有論文〈豈能約束？——『豫莎劇』《約／束》的跨文化演繹〉、〈新詮的譯趣：『莎戲曲』《威尼斯商人》〉、〈書寫跨文化：量度《量・度》〉、〈全球在地化的《卡丹紐》〉、〈背叛／忠實：論《背叛》的文本重構〉、〈語言・表演・跨文化：《李爾王》與『莎戲曲』〉。[6]朱芳慧與陳芳以西方戲劇理論作為研究基礎，呼應當前西方跨文化劇場的研究，探看京劇與豫劇之跨文化問題與價值，其中多有發人深省的論點。兩位學者已將歷來之戲曲跨文化研究出版專書，朱芳慧集結其研究成果而有專書：《跨文化戲曲改編研究》、《當代戲劇鑑賞與評論》。[7]陳芳則有《『莎戲曲』：跨文化改編與演繹》、《抒情、表演、跨文化：當代莎戲曲研究》。[8]

至於現代劇場歌仔戲跨文化的相關研究，黃千凌於其《當代臺灣戲曲跨文化改編（1981-2001）》，[9]曾討論了《欽差大臣》（河洛歌子戲團）、《聖劍平冤》（洪秀玉歌仔戲劇團）、《黑姑娘》（薪傳歌仔戲劇團）三齣歌仔戲，並對於當代戲曲跨文化的發展與生態，戲

---

5 這三篇論文收錄於陳芳：《『莎戲曲』：跨文化改編與演繹》（臺北市：臺灣師範大學出版社，2012年）。

6 這五篇論文分別收錄於陳芳：《『莎戲曲』：跨文化改編與演繹》、陳芳：《抒情、表演、跨文化：當代莎戲曲研究》（臺北市：臺灣師範大學出版社，2018年）。

7 朱芳慧：《跨文化戲曲改編研究》、朱芳慧：《當代戲劇鑑賞與評論》（臺北市：五南出版社，2017年）。

8 陳芳：《『莎戲曲』：跨文化改編與演繹》、陳芳：《抒情、表演、跨文化：當代莎戲曲研究》。

9 黃千凌：《當代臺灣戲曲跨文化改編（1981-2001）》，臺灣大學戲劇研究所碩士論文，2001年。

曲跨文化的改編手法、成果與問題提出見解，是早期較全面涉略跨文化研究的論述；石光生也對於《欽差大臣》（河洛歌子戲團）提出評述，而有〈近來臺灣傳統戲曲的歐洲作品改編〉，[10]該文還兼論布袋戲的跨文化改編；高詩婷探討了《太子復仇》（河洛歌子戲團），而有〈河洛歌子戲《太子復仇》與莎士比亞《哈姆雷特》之比較研究〉；[11]朱芳慧則有《彼岸花》（河洛歌子戲團）的評論，著有〈新編歌仔戲《彼岸花》之跨文化改編（2001）〉，[12]提出《彼岸花》在戲劇衝突與角色人物上的成就；李羿伶則有《惡女嬌妻》（海山戲館）的分析，著有〈論海山戲館《惡女嬌妻》的跨文化呈現〉一文，[13]將莎士比亞的《馴悍記》與《惡女嬌妻》進行比對與分析。

綜上所述，戲曲跨文化雖有前賢多所關注，在演出作品與學術研究上呈現眾聲喧嘩的熱鬧景象，但仔細推敲，對照劇種的跨文化作品演出數量與研究成果，不難發現，現代劇場歌仔戲之跨文化研究仍是稍嫌薄弱，亟待學界努力。因此，筆者企圖在先賢的研究基礎之上，以現代劇場歌仔戲之跨文化作品為重心，聚焦國內幾齣重要演出作品，進行深入的探討與分析。此外，兼論歌仔戲史上的內臺時期拱樂社的跨文化現象，試圖爬梳歌仔戲跨文化史的脈絡系統。

---

10 該文收錄於石光生：《跨文化劇場：傳播與詮釋》（臺北：書林出版社，2008年）。

11 高詩婷：〈河洛歌子戲《太子復仇》與莎士比亞《哈姆雷特》之比較研究〉，《輔大中研所學刊》第十八期（2007年10月），頁133-151。

12 該文收錄於朱芳慧：《跨文化戲曲改編研究》。

13 李羿伶：〈論海山戲館《惡女嬌妻》的跨文化呈現〉，《臺藝戲劇學刊》第4期（2008年9月），頁69-89。

第三節　研究對象與範圍

本書所指的「跨文化戲曲」是指以西方劇作或文學作品為文本重作新詮，以符合「戲曲」形式的戲劇創作。本書所界義的範圍是指傳統戲曲，至於戲劇、小劇場或兒童戲劇的「跨文化戲劇」將不在本書的討論範圍內。

關於90年代中期起，「現代劇場歌仔戲」的跨文化改編作品，茲犖犖大者如下：1996年河洛歌子戲團改編果戈里《巡按使》而為《欽差大臣》，首開現代劇場歌仔戲的跨文化演出，緊接著洪秀玉歌仔戲劇團改編莎士比亞的《哈姆雷特》推出《聖劍平冤》（1997年）；同年薪傳歌仔戲劇團改編格林童話《灰姑娘》而為《黑姑娘》。1999年唐美雲歌仔戲團改編卡斯頓・勒胡小說《歌劇魅影》推出創團作品《梨園天神》。2001年河洛歌子戲團挑戰莎士比亞《羅密歐與茱麗葉》推出《彼岸花》；同年秀琴歌劇團改編希臘悲劇《伊狄帕斯王》推出《罪》。2006年唐美雲歌仔戲團再度改編《歌劇魅影》，推出《梨園天神桂郎君》；海山戲館也於同年改編莎士比亞的《馴悍記》，演出《惡女嬌妻》。2007年臺灣春風歌劇團改編卡羅・高多尼的《威尼斯雙胞案》，推出同名作品。2009年，臺灣春風再度跨文化編創，改編阿嘉莎・克莉斯蒂的《東方快車殺人事件》，推出《雪夜客棧殺人事件》。2011年3月，尚和歌仔戲劇團改編莎士比亞《奧賽羅》而為《牟尼之瞳》；11月，春美歌劇團推出《我的情人是新娘》，改編自華格納歌劇《崔思坦與伊索德》；12月，一心戲劇團改編馬婁《浮士德博士悲劇史》而為《狂魂》。隔年，一心再度推出跨文化編創歌仔戲《Mackie 踹共沒？》，改編自布萊希特《三便士歌劇》。2017年一心又推出《啾咪！愛咋》，改編自馬里伏《愛情與偶然狂想曲》，共計十五齣現代劇場歌仔戲跨文化作品。由於此處是界義在「現代劇場歌仔戲」，外臺戲、胡撇仔戲的跨文化以及原著若非西方文學作品與劇本者（包含戲劇、音樂劇與歌劇），或標榜跨文化融合實際只演唱歌仔戲曲調的演出，皆不在本書此處所討論的現代劇場歌仔戲範圍。據此而來，所關涉的現代劇場歌仔戲之跨文化作品，統計出來的劇目數量共計十五部。然因學界各方前賢研究範疇所定訂的標準不同、界義不同，筆者所統計的數量未必與其他學者所計相符。

另外，還需說明的是，本書所討論的歌仔戲跨文化作品是指歌仔戲進入現代劇場，輔以現代劇場技術而演出的室內表演（諸如：國家戲劇院、城市舞臺、大稻埕戲苑或各縣市文化中心演藝廳等），以精緻化、文學性為目標的創作。「尚和歌仔戲團」的《醜女的婚禮》（2008年），改編自羅傑·藍色霖·格蘭的《亞瑟王與圓桌武士》，於孔廟大成殿演出，以及《慾望當鋪》（2010年），改編自馬克·吐溫的《乞丐王子》，於臺中元保宮演出，由於這兩齣皆是外臺演出，因此不納入討論。又所謂跨文化作品是以西方劇本（包含戲劇、音樂劇與歌劇）或文學作品為改編對象，「台灣歌仔戲班劇團」一系列改編自聖經的作品，因聖經之特殊性，亦不列入本書範疇。另外，「尚和歌仔戲團」的《半人》（2015年）雖取材自雨果的《巴黎聖母院》，但因該劇根據劇團自己的定位是「臺味歌仔舞臺劇」，非傳統歌仔戲，因此也不列入本文。「芝山雅韻戲劇團」的《冤家路窄》（2008年）雖取材自莎士比亞的《無事生非》，演出地點在臺灣藝術教育館的南海劇場，然而筆者考量芝山雅韻戲劇團的性質是票友團，又當時演出目的為了推廣傳統文化而免費演出，屬於推廣性質演出，因此也暫不列入考慮。又「臺灣春風歌劇團」的

《威尼斯雙胞案》(2007年，臺大鹿鳴堂臺大劇場)、《雪夜客棧殺人事件》(2009年，國家戲劇院實驗劇場) 演出地點皆在小劇場，標榜「新胡撇仔戲」，實驗精神強烈，是跨文化戲曲中較為特殊的，筆者認為當另作觀察，故而也不暫列入本書討論。

在上述「現代劇場歌仔戲」的跨文化作品中，筆者特別注意到唐美雲歌仔戲團的《梨園天神》(1999年) 與《梨園天神桂郎君》(2006年)、秀琴歌劇團的《罪》(2001年)、一心戲劇團的《狂魂》(2011年)、《Mackie 踹共沒？》(2012年) 與《啾咪！愛咋》(2017年)。唐美雲是臺灣影視戲曲紅星，也是技藝精湛的歌仔戲演員，其表演功力與唱腔備受肯定，在推動精緻歌仔戲上一直不餘遺力。秀琴歌仔戲團與一心戲劇團為臺灣南北兩大受歡迎的劇團，主要演員張秀琴、莊金梅 (秀琴歌劇團)、孫詩詠、孫詩佩 (一心戲劇團)，均是舞臺經驗豐富並擁有廣大粉絲的優秀演員，兩團平時雖以外臺民戲演出居多，但在推動精緻歌仔戲演出上亦是努力不懈。三個劇團皆多次獲得文化部「國家扶植團隊」獎助，以107年度為例，唐美雲歌仔戲團為卓越級團隊，一心戲劇團及秀琴歌劇團為發展級團隊。108年度文化部「演藝團隊年度獎助專案」，一心戲劇團甚至還得到傳統戲曲類二年營運的補助。因此，筆者認為這三個劇團的跨文化作品在現代劇場歌仔戲中自有其學術研究價值，無論其評價如何，其可做為現代劇場歌仔戲跨文化編創供作探討之樣例，則無可置疑；我們從中必然可以獲得許多的啟示和省思。

本書將以現代劇場歌仔戲的五部作品為研究對象：《梨園天神》、《梨園天神桂郎君》、《罪》、《狂魂》、《Mackie 踹共沒？》，探討其跨文化編創的優劣與特色。另外，現代劇場歌仔戲的跨文化，並不是偶然突發，除了外在環境西方思潮的引入與西方劇場觀念的導入之外，就內在條件而言，歌仔戲劇種的活潑特質與多元面貌，早於日治時期有了跨文化融合。筆者除了討論上述五部跨文化現代劇場歌仔戲，還要以內臺歌仔戲時期的拱樂社錄音團為例，探看其錄音團內容，試圖挖掘其跨文化風貌與特色。

第四節　研究方法與進路

綜上所述，本書《臺灣歌仔戲跨文化現象研究》將針對上述論題進行討論與研究。本書共計論文五篇，前四篇論文以五齣跨文化歌仔戲作品為研究對象，探討現代劇場歌仔戲之跨文化現象、風格特色與改編得失。第五篇為〈臺灣拱樂社錄音團及其跨文化現象之探討〉，該篇的研究對象雖非一劇一文本的探討，然而拱樂社錄影團的音樂表現亦呈現出多元的跨文化現象，可視作臺灣歌仔戲跨文化歷程中的一個現象予以觀察。該篇論文雖是筆者早期的研究，但因考量筆者研究的主題性、完整性與連續性，經過大幅修改補充之後，仍放入本書《臺灣歌仔戲跨文化現象研究》中予以含括。

各篇依論述脈絡排序，而非發表時間。為了兼顧單篇論文之獨立完整與全書的首尾呼應，已針對相關內容進行調整與修改。茲說明各篇大要如下：

第二章〈一心歌仔戲《Mackie 踹共沒？》改編《三便士歌劇》之跨文化編創研究〉，2012年一心戲劇團改編自布萊希特《三便士歌劇》，推出跨文化編創歌仔戲《Mackie 踹共沒？》。雖是改編自西方劇作，然而編劇在進行跨文化編創時已對於原著多有改編，排演過程中，演員對於劇場的看法也注入劇本，因而加入許多即興表演的成分。為了細究《Mackie 踹共沒？》之跨文化編創的意義，本文將先就《Mackie 踹共沒？》改編自《三便士歌劇》的創發進行爬梳，以分析該劇改編移植的書寫特色。再針對《Mackie 踹共沒？》改編本與演出本進行比較，以瞭解外臺戲即興演出對於改編本的再創造，最後則是聚焦於導演與演員的表現，以探究其藝術特色。《Mackie 踹共沒？》融合外臺戲與現代劇場的文化與元素，在東西戲劇融合交集中，創發出一套摩登新穎的表演風格，在現代劇場歌仔戲的一片精緻呼聲中創發出自我特色。冀希本文的分析，能充實學界的跨文化戲曲研究。

第三章〈罅隙與衍異——談歌仔戲《罪》之跨文化編創〉，2001年11月17日，秀琴歌劇團於臺北縣演藝廳演出《罪》。《罪》是秀琴歌劇團嘗試從外臺走入現代劇場的第一部作品，該劇故事原型取材自希臘悲劇《伊底帕斯王》。劇本承載著一齣戲成敗的關鍵因素，其重要性不言而喻，為瞭解《罪》的藝術特質，及其在現代劇場歌仔戲的意義，應以劇本的編創手法作為研究的首要，因而本文將以《罪》的劇本作為討論對象，深入爬梳、整理、比較改編本與原著的不同。改編本在擷取、轉化原著上，有何特色？又有哪些困境？本文將分別從主題思想及情節結構作為思考角度，來分析比較原著《伊底帕斯王》與改編本《罪》的異同。跨文化編創的作品由於牽涉到對於原著精神的繼承與融合，以及「標的文化」（target culture）與「原著文化」（source culture）之間的「調整」與「磨合」，其複雜性與困難度，更是讓劇本處於稍有不慎即荒腔走板的可能，徒增許多變異性。

第四章〈從西方浮士德到東方狂魂——戲曲跨文化編創之文本比較研究〉，2011年12月17至18日，一心戲劇團於臺北城市舞臺推出《狂魂》。根據編劇孫富叡表示，該劇是以馬婁的《浮士德博士悲劇史》作為改編的依據，再吸收歌德的詩劇《浮士德》之部分情節內容加以編創。對於一部舉世皆知的故事進行改編，無可避免的是文化隔閡的克服與主題思想的掌握。《狂魂》的深度與向度能否適合劇種本身，能否契合臺灣觀眾的審美趣味，是值得關注的。為了對於《狂魂》進行深入的分析，需先就其本事根源加以探究。《狂魂》的故事內涵是承襲馬婁版本的那些情節？又汲取了歌德版本的那些內容？為了能夠精準爬梳這其中的承襲與衍異，而不淪為表淺的討論，筆者認為精讀文本是有其必要的。因而對於馬婁、歌德及孫富叡三個版本詳盡說明與分析。本文先就浮士德故事之淵源與相關作品加以介紹，接著再就浮士德（馬婁與歌德兩版本）與《狂魂》之文本內容加以分析。根據分析內容進一步探討編創的部分，據此以窺探《狂魂》改編後所承襲與創新之處。

第五章〈歌仔戲之跨文化編創——談梨園天神的兩次創作〉，唐美雲歌仔戲團於1999年及2006年所推出的兩部作品：《梨園天神》、《梨園天神桂郎君》，以卡斯頓・勒胡的小說，及安德魯・韋伯的音樂劇《歌劇魅影》為改編對象。以同一作品為對象進行兩次的編創，發展出完全不同的兩樣風情，並兩度成為劇團年度大戲，這樣特殊的情形與創舉，恐怕也是國內劇團少有的現象。有鑑於此，筆者以為將前後兩部作品兩相對照，不僅可以看出劇團的理念與堅持，也可以藉著二度編創看出跨文化改編的困難與超越。一部作品的跨文化編創所牽涉的範圍包含劇本編修、導演手法、舞臺美術、聲腔詞情等。本文以唐美雲歌仔戲團兩度改編《歌劇魅影》的作品——《梨園天神》（1999年）、《梨園天神桂郎君》（2006年）為例，試圖以同一劇團兩度改編同一西方劇作的角度來進行深入探討。梳理兩部作品在改編原著上的不同編創手法，並分析比較兩度創作的差異與優劣。將前後兩部作品兩相對照，不僅可以看出劇團的理念與堅持，也可以藉著二度編創看出跨文化改編的困難與超越，並準此以見跨文化編創上的困難與得失。

第六章〈臺灣拱樂社錄音團及其跨文化現象之探討〉，「拱樂社歌仔戲劇團」——位於雲林麥寮而曾經締造臺灣歌仔戲王國的劇團，同時跨足內臺、電影、電視界。就在拱樂社如日中天的60年代，團長陳澄三首創歌仔戲錄音團表演風格，使得拱樂社劇團由一團擴充至七團，表演足跡遍及全臺。影響所及，臺灣其他歌仔戲劇團也紛紛效法。就在電視歌仔戲逐漸盛行之際，陳澄三便把錄音團的錄音帶連同招牌一起出租給外臺戲，於是打著拱樂社旗幟的外臺戲班也以錄音團方式存在南臺灣。隨著社會環境的變化，外臺戲錄音團，已經建立出一套生存經營方式，與獨特的表演風格，繼續活耀於廟會文化中。本文的研究係因獲得八仙歌劇團（原拱樂社正團）團主周奕芳女士所提供的早期承租拱樂社錄音團之錄音資料而有了撰寫此文的動機。拱樂社錄音團的錄音帶內容有著豐富的跨文化元素，期盼本文能夠為歌仔戲研究提供一些新的視角。

另外，臺灣現代劇場歌仔戲的演出生態與藝術表現，亦是筆者長期關注的議題，筆者另有劇評三則：〈歌仔戲的不朽文學〉、〈摩登歌仔戲說出創意新蹊徑〉、〈一曲傳唱、一劇搬演〉，分別評論唐美雲歌仔戲《燕歌行》、一心戲劇團《Mackie 踹共沒？》、秀琴歌劇團《歌仔新調——安平追想曲》，三篇劇評皆刊登於國家兩廳院《PAR 表演藝術》。三則劇評是針對當時受矚目的劇團、演員和劇本提出扼要評論，雖是一時一地一場的演出，但仍可看出演出作品的優劣良窳。筆者敝帚自珍附錄於書末。

本書是筆者在臺灣歌仔戲研究上的一點心得，疏漏難免，尚祈方家不吝指正。

第二章
一心歌仔戲《Mackie 踹共沒？》改編《三便士歌劇》之跨文化編創研究*

第一節　前言

自20世紀末起，「跨文化劇場」在歐美已被視為創作的一個新方向，透過東西方劇場的交流，讓東西方的藝術與文化有了對話的窗口，從而打開了表演藝術的新境界。臺灣傳統戲曲的跨文化，始於80年代，發展至今已經有三十多年，無論學術研究或劇場工作者都為「跨界」、「跨文化」投入諸多心力，使得京劇、豫劇及歌仔戲在跨文化戲曲的表現上有著豐碩的成果。

2012年，一心戲劇團改編德國作家布萊希特（Bertolt Brecht, 1898-1956）的經典黑色喜劇《三便士歌劇》（*The Three-penny Opera*），推出《Mackie 踹共沒？》，並受邀參加第十四屆臺北藝術節。[1]劇團在演出宣傳上直指《Mackie 踹共沒？》為「摩登歌仔戲」，就這響亮的稱號來看，足以想見劇團大膽挑戰的企圖。參與

---

* 本文初稿〈台灣歌仔戲之跨文化編創——以「一心戲劇團」新作為例〉，宣讀於福州福建師範大學音樂學院「海峽兩岸戲曲學術研討會」（2012年12月13至16日）。尚未刊載於期刊學報，今重新修正收入本書。

1 為何定名為《Mackie 踹共沒？》，係因原著中的主角名為 Mackie，「踹共」則是網路語言，為閩南語「出來講」的諧音。

這次摩登演出的製作團隊，除了一心自家的基本生力軍，還找來現代劇場經驗豐富的劉守曜擔任導演、游走跨界實驗的劉建幗擔任編劇、駐團樂師何玉光擔任音樂設計。有現代劇場工作者、有傳統戲曲從業者，彼此經驗交流，進行了一場跨界、跨文化、顛覆傳統的多樣元素的對話與置換。

本文將先概述西方跨文化劇場理論的幾位名家，以說明「跨文化劇場」在世界性的學術上與戲劇創作上之重要意義，再爬梳臺灣傳統戲曲的跨文化脈絡與現象，並以史的脈絡觀察歌仔戲的跨文化發展，以作為本文討論的基礎背景。其次，就《Mackie 踹共沒？》改編自《三便士歌劇》的部分進行比較，以探究跨文化改編在進行中西對話時所作的置換與創發。接著，針對《Mackie 踹共沒？》改編本與演出本進行比較，以了解外臺戲即興演出對於改編本的再創造。最後則是《Mackie 踹共沒？》呈現於舞臺上的藝術特色分析。本文涉及的不僅僅是編劇的跨文化改編之探討，還包含參與演出的演員將外臺戲的即興表演程式放入現代劇場的現象觀察，以及現代劇場出身的導演在演繹傳統戲曲上的顛破與創新。

第二節　從西方「跨文化劇場」到臺灣「跨文化戲曲」

「戲曲跨文化」、「跨文化戲曲」的觀念可說是近年來受到學術界與戲劇界相當關注的議題。為能與西方學術論述接軌，臺灣學界無不試圖引進西方跨文化戲劇之相關理論，以充實戲曲跨文化演繹的立論基礎。關於西方跨文化劇場之相關論述，較為有名的包括知名專家學者如派崔斯・帕維斯（Patrice Pavis）、理查・謝喜納

（Richard Sche-chner）、巴魯洽（Rustom Bharucha）、費雪·莉希特（Erika Fischer-Lichte）、卡蘿爾·索根福瑞（Carol Sorgenfrei），以及一些長期投注於劇場的編導家，如彼得·布魯克（Peter Brook）、亞莉安·莫虛金（Ariane Mnouchkine）、尤金諾·芭芭（Eugenio Barba）等等。根據法國跨文化戲劇學者派崔斯·帕維斯（Patrice Pavis）在《跨文化表演讀本》（*The Intercultural Performance Reader*）中定義「跨文化劇場」，是指不同文化背景與表演方式，經過有意識、有自覺的混合，而形成一種與原始風貌迥然不同的新表演形式。[2]帕維斯並將跨文化戲劇分為六種類型：「跨文化戲劇」（Intercultural Theatre）、「多元文化戲劇」（Multicultural Theatre）、「文化拼貼」（Cultural Collage）、「綜合戲劇」（Syncretic Theatre）、「後殖民戲劇」（Post-colonial Theatre）、「第四世界戲劇」（The "Theatre of the Fourth World"）。[3]由於跨文化劇場所牽動的問題相當複雜，戲劇如何從「原著文化」（source culture）轉移到「標的文化」（target culture），帕維斯還提出「沙漏理論」（The Hourglass Model of Intercultural Theatre），提供十一項檢視項目。[4]

---

2 原文：Intercultural theatre: In the strictest sense, this creates hybrid forms drawing upon a more or less conscious and voluntary mixing of performance traditions traceable to distinct cultural areas. The hybridization is very often such that the original forms can no longer be distinguished. The experiments of Taymor, Emig of Pinder, who adapted elements of the Balinese theatre for American audiences (Snow, 1986), the creations of Brook, Mnouchkine of Barba, drawing upon Indian or Japanese traditions, belong to this category. Pavis, Partice (1996). *The intercultural Performance Reader*. London and New York :Routlege, p8.

3 Pavis, Patrice, ed. 1996. *The Intercultural Performance Reader.* London: Routledge. p8-10.

4 原文：(1)cultural modeling (2)artistic modeling (3)perspective of the adapters (4)work of adaptation (5)preparatory work by actors (6)choice of a theatrical form

從其立論之縝密看來，跨文化表演的作品，所需探討的內涵是十分複雜與龐大的。美國紐約大學教授理查・謝喜納（Richard Schechner）於其《表演藝術研究：導讀》（*Performance Studies: An introduction*）甚至認為跨文化表演必需從全球化的觀點來研究，因為和不同文化族群日益頻繁的交流，而有諸多歷史上的先例。從奧運到旅遊，甚至是地球上人民的音樂、影像媒體、生活方式的快速交流，都可以是某種跨文化表演[5]。因而對於跨文化表演的研究，謝喜納認為可以分為四大方向來分析：垂直性／橫向性跨文化研究（Vertical/horizontal intercultural research）、觀光旅遊（Tourist）、文化融合（Hybrid and fusions）、地域性表演（community-based performances）。[6]上述理論屢獲臺灣跨文化表演實踐者所引用與參據，其重要性可見一斑。事實上，各家理論分別有其立論基礎與分類方法，往往一部跨文化戲劇作品，是無法限定於某一類型或形式，而是有所跨越與互涉。

---

(7)theatrical representation of the culture (8)reception-adapters (9)readability (10a)artristic modeling (10b)sociological and anthropological modeling (10c)cultural modeling (11)given and anticipated consequences. PavisPartice, *Theatre at the Crossroad of Culture*. London: Routlege, 1992. p4.

5 原文：Intercultural performance needs to be studies along with globalization because it arises as responses to and in some cases as protests against an increasingly integrated world. Both globalization and intercultural performance have historical antecedents. Globalization in colonialism and imperialism, intercultural performance as an outcome on "contact" among the world's peoples. Clearly these phenomena are themselves linked. Types of intercultural performances range from the Olympics and tourism to the intercultural performances of everday life resulting from the rapid global circulation of styles, musics, media, and more.RichardSchechner. 2002. *Performance Studies: An introduction.* Routledge.p226.

6 Richard Schechner. 2002. *Performance Studies: An introduction.* Routledge. p226.

西方跨文化劇場理論的提出與建構，可說是近二、三十年來相當受到矚目的研究。臺灣的戲劇環境也在諸多學者，如：馬森、鍾明德、胡耀恆、黃美序、戴雅雯、呂健忠、彭鏡禧、石光生、陳芳、朱芳慧、黃千凌、段馨君等人的引介與研究，以及劇場工作者：吳興國、林秀偉、呂柏伸等人的推動與實踐之下，而有了不斐的成績與視野。

事實上，臺灣「跨文化戲曲」的產生自是有其時代背景與發展脈絡。[7] 60年代西風東漸，現代主義、存在主義等西方思潮大舉進入臺灣，70年代鄉土文學論戰，讓臺灣知識份子思索本土文學藝術，80年代「小劇場」經過風起雲湧的「劇場十年」，徹底改寫臺灣現代劇場面貌，「小劇場」成為臺灣藝文界最活躍的新潮流。1980年「蘭陵劇坊」推出《荷珠新配》，在形式上融合了西方現代劇場和中國傳統戲曲，引起藝文界共鳴，至此80年代的「實驗劇場」開啟了臺灣劇場各種各樣的實驗與創新。另一方面，崛起於1979年的「雅音小集」，首先將「現代劇場觀念」引進京劇界，讓導演、燈光布景、服裝設計成為戲曲創作中不可或缺的一環，使京劇性格由「前一時代通俗文化在現今的殘存」轉化成為「現代新興精緻文化藝術」。[8]「對於敘事之素材（情節）的考慮愈趨多面，衝突矛盾的糾葛與戲劇張力的凝聚，都是刻意講求用力之所在；高潮的營造，更有由『情感高潮』轉為『情節高潮』之趨勢，而十九世

7　本文所指的「跨文化戲曲」是指以西方劇作或文學作品為文本重作新詮，以符合「戲曲」形式的戲劇創作。此處所界義的範圍是指傳統戲曲，戲劇、小劇場或兒童戲劇的「跨文化戲劇」則不在本文的討論範圍內。

8　參見王安祈：《臺灣京劇五十年》（宜蘭縣：傳藝中心，2002年），頁103。

紀歐洲寫實主義對於中國傳統戲曲的影響，也隱然可見」。[9]「雅音小集」為傳統戲曲與現代劇場之間開啟了對話空間。在這股戲劇潮流刺激之下，傳統戲曲為開創新局，借助「跨文化改編」以一新耳目，也成為西風東漸後文化撞擊下所發展出的新生態。

1981年荒謬劇大師尤內斯柯（Eugene Ionesc）受官方邀請來臺，在胡耀恆、黃美序的推動之下，嘗試借助京劇演員深厚的舞臺經驗與豐富表情，來演出像《椅子》這樣一齣戲，因而促成了《席》的演出。此次演出由國防部主辦，邀集戲曲編劇魏子雲改編尤內斯柯的荒謬劇《椅子》(*Chairs*)，並邀哈元章、馬元亮等名角加入陣容，空軍大鵬劇隊支援演出，試圖以京劇演出荒謬劇，這是臺灣京劇與西方文化的首次結合。[10] 1986年當代傳奇劇場嘗試以京劇演出莎劇，改編自莎士比亞《馬克白》的《慾望城國》，成功跨出傳統戲曲改編的一步，不僅打響京劇改革的口號，也開啟傳統戲曲移植西方劇作嶄新的一頁[11]。關於《慾望城國》在傳統戲曲上的指標性意義，朱芳慧提到：

> 當代傳奇劇場從傳統裂縫裡創造了一個現代世界，這個世界不停顛覆觀眾對傳統京劇的認知，以新穎的表現方法，揉合

---

9 參見王安祈：〈戲曲現代化風潮下的逆向思考——從兩岸創新劇作概況談起〉，《中華戲曲》第二十一輯（1998年5月），頁134-135。

10 參考黃千凌：《當代臺灣戲曲跨文化改編（1981-2001）》，臺灣大學戲劇研究所碩士論文，2001年，頁35。

11 當代傳奇劇場嘗試將西方經典納入中國表演體系，企圖將京劇加以蛻變，在《慾望城國》大受好評之後，又陸續改編莎士比亞及希臘悲劇，目前所累積的跨文化作品包括：《慾望城國》(1986年)、《王子復仇記》(1990年)、《樓蘭女》(1993年)、《奧瑞斯提亞》(1995年)、《李爾在此》(2001年)、《暴風雨》(2004年)。

> 西方經典、現代音樂，並與中國傳統京劇共同發光。《慾望城國》是借鑑西方經典戲劇，調整中國戲曲的傳統程式，透過其創新的表演程式、寫意的舞臺形式，向世界劇壇提供不同的戲劇內容。《慾望城國》不僅賦與《馬克白》新的生命，也豐富傳統戲曲之內涵。同時『當代傳奇』在臺灣和世界舞臺上，推出屬於今日臺灣劇場的當代傳奇，也為現代京劇開了新紀元。[12]

此後，傳統戲曲改編外國文本成為劇團一項時髦的選擇。傳統戲曲從唱念做打出發，藉著排演西方名劇，和西洋戲劇融匯起來，從而拉近傳統和現代、東方和西方的距離，藉由陌生西化的題材充實劇種的內涵，藉以吸引觀眾，中體西用的相互激盪，也對傳統戲曲進行了變革與挑戰。

80年代臺灣歌仔戲從外臺、電視圈走進了現代劇場，並以精緻化與文學化作為努力追求的方向。就劇情內容而言，80年代的現代劇場歌仔戲多以神仙鬼魅、傳說軼聞為多，主要活躍的劇團為明華園歌仔戲劇團及新和興歌仔戲劇團。90年代起，現代劇場歌仔戲開始拓展文本思想及整體風格，出現公堂奇案、宮闈朝廷、歷史演義、愛情婚姻之類的題材，甚至也開始嘗試跨文化編創[13]。

移植國外劇作是創新傳統戲曲的一個方向，這對於活潑多樣、創新變異的歌仔戲而言並非難事，更不是離經叛道。日據時期歌仔

---

12 參見朱芳慧：《跨文化戲曲改編研究》，第一章〈新編京劇《慾望城國》之跨文化改編（1986）〉（臺北市：國家，2012年），頁102-103。

13 參見楊馥菱：《臺灣歌仔戲史》（臺中市：晨星出版，2002年），頁165-168。

戲演出日人所編寫的「改良戲」[14]：《一死報國》、《母性光輝》、《鞍馬天狗》、《水戶黃門》等，雖是囿於政治因素所做的演出，殖民意味濃厚，但已經可視為傳統戲曲進行跨文化融合的改變。內臺歌仔戲時期，拱樂社錄音團將西方古典音樂放入歌仔戲錄音團盤帶中，作為演出的背景音樂，塑造出具有「演唱曲調古今不拘，背景音樂中西不限」的特色，[15]成為另一種跨文化融合的表現。而日本文學作品《里見八犬傳》、《宮本武藏》、《冰點》也成為歌仔戲走入內臺後時常挪移借用的題材，形成後殖民色彩濃烈的風格。電視歌仔戲時期開始朝向歐美文學作品取材，1980年由小明明主演的《臥虎藏龍》即是改編自《羅密歐與茱麗葉》。[16]可見，吸收國外的文學與音樂，將之融入戲曲演藝中，可說是歌仔戲廣納各種元素的劇種特色之一。

臺灣歌仔戲進入現代劇場演出後，更是屢屢有改編西方文學作品的創作，茲舉犖犖大者如下：[17]1996年河洛歌子戲團改編果戈里

---

14 所謂「改良戲」根據呂訴上於《臺灣電影戲劇史》中所言：「他們假借舊瓶裝新酒的招牌，雖然掛著『臺灣新劇』、『臺灣歌劇』、『皇民化劇』等，但這是瞞官騙吏的字樣……只是把朝廷改為公司，皇帝改為董事長，首相改為總經理，文武百官改為職員，穿上現代服裝而已，而動作臺詞等也毫無改進，腔調一如『歌仔戲』又加添伴奏，因不能使用文武場面的鑼鼓，配上留聲機代替而已。……在南部方面叫它『改良戲』，北部方面則嘲譏為『蝌蚪劇』」呂訴上：《臺灣電影戲劇史》（臺北市：銀華，1961初版，1991再版），頁323。

15 參見楊馥菱：〈臺灣拱樂社錄音團研究〉，臺北市立大學《應用語文學報》第6期（2004年6月），頁151-167。

16 參見石光生：《跨文化劇場：傳播與詮釋》（臺北市：書林，2008年），頁100。

17 本文所討論的歌仔戲跨文化作品是指歌仔戲進入現代劇場，輔以現代劇場技術而演出的室內表演（諸如：國家戲劇院、城市舞臺、大稻埕戲苑或各縣市文化中心演藝廳等），以精緻化、文學性為目標的創作。「尚和歌仔戲團」的《醜女的婚禮》（2008年，改編自羅傑．藍色霖．格蘭的《亞瑟王與圓桌武士》，於孔廟大成殿演出）、《慾望當鋪》（2010年，改編自馬克．吐溫的《乞丐王子》，於

《巡按使》而為《欽差大臣》，首開現代劇場歌仔戲的跨文化演出，緊接著洪秀玉歌仔戲劇團改編莎士比亞的《哈姆雷特》推出《聖劍平冤》（1997年）；同年薪傳歌仔戲劇團改編格林童話《灰姑娘》而為《黑姑娘》。1999年唐美雲歌仔戲團改編卡斯頓・勒胡小說《歌劇魅影》推出創團作品《梨園天神》。2001年河洛歌子戲團挑戰莎士比亞《羅密歐與茱麗葉》推出《彼岸花》；同年秀琴歌劇團改編希臘悲劇《伊狄帕斯王》推出《罪》。2006年唐美雲歌仔戲團再度改編《歌劇魅影》，推出《梨園天神桂郎君》；海山戲館也於同年改編莎士比亞的《馴悍記》，演出《惡女嬌妻》。2007年臺灣春風歌劇團改編卡羅・高多尼的《威尼斯雙胞案》，推出同名作品。2009年，春風再度跨文化編創，改編阿嘉莎・克莉斯蒂的《東方快車殺人事件》，推出《雪夜客棧殺人事件》。[18] 2011年3月，尚和歌仔戲劇團改編莎士比亞《奧賽羅》而為《牟尼之瞳》；11月，春美歌劇團推出《我的情人是新娘》，改編自華格納歌劇《崔思坦與伊索德》；12月，一心戲劇團改編馬婁《浮士德博士悲劇史》而為

臺中元保宮演出）因為是外臺演出，因此不納入討論。又所謂跨文化作品是以西方劇本（包含戲劇、音樂劇與歌劇）或文學作品為改編對象，「台灣歌仔戲班劇團」一系列改編自聖經的作品，因聖經之特殊性，亦不列入本文範疇。另外，「尚和歌仔戲團」的《半人》（2015年）雖取材自雨果的《巴黎聖母院》，但因該劇根據劇團自己的定位是「臺味歌仔舞臺劇」，非傳統歌仔戲，因此也不列入本文。「芝山雅韻戲劇團」的《冤家路窄》（2008年）雖取材自莎士比亞的《無事生非》，演出地點在臺灣藝術教育館的南海劇場，然而筆者考量芝山雅韻戲劇團的性質是票友團，又當時演出目的為了推廣傳統文化而免費演出，屬於推廣性質演出，因此也暫不列入考慮。

18 「臺灣春風歌劇團」的《威尼斯雙胞案》（2007年，臺大鹿鳴堂臺大劇場）、《雪夜客棧殺人事件》（2009年，國家戲劇院實驗劇場）演出地點皆在小劇場，標榜「新胡撇仔戲」，實驗精神強烈，曾入圍第六屆及第八屆「臺新藝術獎」，是跨文化戲曲中較為特殊的。

《狂魂》。隔年，一心再度推出跨文化編創歌仔戲《Mackie 踹共沒？》，改編自布萊希特《三便士歌劇》。2017年一心又推出《啾咪！愛咋》，改編自馬里伏《愛情與偶然狂想曲》，[19]共計十五齣現代劇場歌仔戲跨文化作品。在這股跨文化改編潮流的影響下，現代劇場歌仔戲以移植西方劇作，作為票房的保證，儼然成為一種嚐鮮與挑戰。上述歌仔戲跨文化改編作品經過劇種的轉化分別以不同樣貌，蛻變成屬於歌仔戲「口味」的作品，而「原著文化」（source culture），也在移植改編的過程中，轉換成適合臺灣風土民情的「標的文化」（target culture），呈現出「原著文化」與「標的文化」相融合的特殊面貌。

在這股風潮中，筆者特別注意到一心戲劇團的表現，[20]劇團走入現代劇場至今，已三度推出跨文化編創作品：2011年的《狂魂》、2012年的《Mackie 踹共沒？》、2017年的《啾咪！愛咋》，這在歌仔戲界乃是少見的現象。劇團製作這麼高比例的歌仔戲跨文化作品，除了是呼應了當代跨文化的趨勢，也在在凸顯出歌仔戲劇種本身活潑多樣與涵容異質的特質。活躍於外臺演出的一心戲劇團，整年酬神演出的民戲不下上百場，又積極投入現代劇場歌仔戲公

19 關於上述跨文化作品之原著、作者、改編版及改編者，請參見本文附錄：現代劇場歌仔戲之跨文化編創一覽表。

20 成立於1989年的「一心戲劇團」，團長為孫榮發，近幾年已逐漸將劇團交棒其子女。新一代挑大樑果然不負眾望，近年來積極參與公辦藝文活動，無論是藝術季、匯演或是歌仔戲製作及發表專案，都有不錯的成績。《戰國風雲馬陵道》、《聚寶盆》、《英雄淚》三齣戲蟬聯財團法人國家文化藝術基金會之「歌仔戲製作及發表專案」，也多次獲行政院文化部評選為「國家演藝團隊發展扶植計畫」之表演團體。

演，[21]在臺灣諸多歌仔戲團中，可謂是相當努力經營的家族劇團。而演員長期衝州撞府的外臺演出經驗，以及幕表戲的做活戲歷練，也讓劇團表演風格游移於草根與精緻的兩種風貌。一心戲劇團能否突破傳統，開創新的局面，為歌仔戲的表演藝術注入更多元素是相當值得留意與關注的。

第三節　《Mackie 踹共沒？》與《三便士歌劇》之比較

《三便士歌劇》是布萊希特取材自18世紀約翰．蓋伊（John Gay）的《乞丐歌劇》（*The Beggar's Opera*）而加以創作，並於1928年8月31日首演於柏林。布萊希特以一貫的幽默詼諧，諷刺當時英國維多利亞中產階級的偽善及資本主義下的社會亂象。全劇對於社會怪象多有精彩之嘲諷與玩弄，歪曲成理、積非成是的意涵貫串整齣戲，乞丐企業公司 VS. 人性悲憫、笑貧不笑娼 VS. 男歡女愛、收賄官場文化 VS. 黑白兩道兄弟義氣，都是整部作品再三反省與提問的重要思維，布萊希特極盡詼諧幽默之筆法刻畫出社會畸零的樣貌，在虛假與實像中顛倒眾生百態。對於黑白不明、善惡不

21 一向專擅於外臺演出的一心戲劇團，自2011年起開始製作現代劇場歌仔戲，積極致力於精緻歌仔戲的演出，2011年推出的《狂魂》，取材自西方的浮士德故事並加以改編；2012年《Mackie 踹共沒？》改編自西方的《三便士歌劇》；2013年的《斷袖》大膽挑戰同志議題；2014年《烽火英雄劉銘傳》大談土地與國家的認同；2015年改編張曼娟古典新詮的《芙蓉歌》，推出同名作品，將溫庭筠的《華州參軍》傳奇搬上舞臺；2016年再度改編張曼娟的《髮的傳奇—刃髮》，推出狹義柔情戲《青絲劍》，演繹唐傳奇《謝小娥》故事；2017年推出《啾咪！愛咋》，改編自西方的《愛情與偶然狂想曲》；2018年的《千年》，改編自趙雪君的〈祭塔〉，將白蛇傳重新詮釋。

分的社會，布萊希特以言之成理的態度，為市井小民找條存活的出路，這在劇中透過無惡不作的江洋大盜麥基來道盡，更是諷刺性強烈：

> 麥基：眾位先生，你們教育我們如何正直的生活。不要犯罪做惡，那你首先就得給我們吃飽。然後才能說：開始正直的生活。你們既要我們正直又要自己肥胖，有一條你們要永遠記牢，不管你們從哪角度看，先要吃飽才有道德。讓窮人們分得一分麵包，這一條首先要辦到。
>
> 幕後聲音：否則人靠甚麼活？
>
> 麥基：否則人靠甚麼活？由於他們每時每刻遭折磨、剝奪、打擊、扼殺、吞噬，他只有徹底忘掉自己是人，靠這個他才能活。[22]

貪腐帶來窮困，窮困帶來社會亂源，亂世中的窮人只能自求多福，上述這段話可說是亂世中的庶民悲歌。另外，第三幕乞丐企業老闆皮丘姆與貪官布朗的一段對話，也是極盡嘲諷：

> 皮丘姆：制定法律專門是為剝削那些因為不懂法律或者出於貧困而不問守法律的人。而靠這種剝削維生的人應該嚴格遵守法律。
>
> 布　朗：看來，您認為我們的法官是可以收買的囉！

22 見布萊希特（Bertolt Brecht）著，高士彥譯：〈三角錢歌劇〉，《布萊希特戲劇選》（北京市：人民文學出版社，1978年），頁69。此版本為編劇劉建幗所參照改編的版本，在此特別感謝劉建幗提供。

皮丘姆：不不！我們的法官是收買不了的，用金錢是收買不了他們伸張正義的！[23]

上述這兩段，可說是全劇中最能表現戲劇主題的重要橋段，可以看出布萊希特以戲劇作為工具，達成社會嘲諷的意圖。另外，皮丘姆的乞丐企業公司對人性憐憫的精采分析，以及麥基與妓女笑貧不笑娼的可悲生活，編劇以極盡嘲諷之能事，深刻又幽默的諷刺了人生百態與社會亂象。

積非成是、官商勾結、唯利是圖、貪贓枉法，這些社會現象不唯出現在上個世紀或西方，只要有人類、有權力、有利益的地方都會發生。《Mackie 踹共沒？》與原著《三便士歌劇》的發表時間相距八十多年，以戲劇的功能來嘲諷社會現象，依舊是不退流行的題材。

《Mackie 踹共沒？》汲取原著精神以諷刺詼諧的手法審視社會百態、社會亂象。改編之後，將倫敦場景置換成中國古代封建社會中一個不存在的城市——龍城。時間點則是來到元宵節前夕，聲稱能夠傾聽人民心聲的皇帝，即將到訪已是滿城風雨的龍城。究竟皇帝的到來掀起了什麼事端？英明的皇帝又能夠解決龍城的問題嗎？強盜頭目莫浩然為何成為親善王？城主又為何押解入獄？誰是壞人？誰是好人？這有如懸疑案的開端，在劇中人物各自表述、各自回溯中，劇情像剝洋蔥般層層示現觀眾眼前。看似簡單的問題，越貼近真相卻是越遠離事實。也因此，一開始的神祕說書人便再三提醒觀眾，你所看到的只是我站在這裡，但你相信我所說的一切

23 布萊希特（Bertolt Brecht）著，高士彥譯：〈三角錢歌劇〉，《布萊希特戲劇選》，頁75。

嗎？編劇意圖安排的故事情節，不斷的被說書人解構，整部作品後設手法相當鮮明。《Mackie 踹共沒？》以跳躍式的敘述方式（非線性式），不分幕分場，運用倒敘手法，試圖帶領觀眾回顧整起事件的真相。編劇保有原著中的幾個重要人物——乞丐老闆、黑幫老大、警察，這三位社會上共生結構的人物，不同的是，《Mackie 踹共沒？》將原著中的男主角黑幫老大 Mackie 的名字轉化成虛構人物，並由劇中一位文弱書生捏造出來，而捏造出來的 Mackie 最後竟成了全民公敵。為了找出名叫 Mackie 的人，不惜查抄全城的賣雞販，只因 Mackie 音同「賣雞」，如此荒謬的情節，竟也合理的刻畫出各懷鬼胎的人物內心以及毫無真理的社會現象。最後虎捕頭找了城主來當代罪羔羊，擺平了丐幫錢老闆以及強盜頭目莫浩然的紛爭，粉飾了太平。無惡不作的強盜頭目成了親善王，無奸不成商的乞丐財團老闆擴張了營利事業版圖，貪官虎捕頭貪汙收賄竟洗白又獲皇上恩寵，而皇帝看到太平盛世的假象，也就信以為真的相信自己已經聽到了百姓的聲音。平民百姓也被這真真假假的表相，自動更新記憶，集體失意、集體愚昧。而當這位英明的皇帝（由何珈瑀小朋友演出）坐著龍輦從觀眾席出現，更是嘲諷了在上位者昏聵無能的形象。顛顛倒倒的時代，是歪理橫行、積非成是、黑白混沌。

根據上文所述，《Mackie 踹共沒？》雖改編自《三便士歌劇》，但對於原著已有所更動與創發。兩相比較之後，筆者認為《Mackie 踹共沒？》有以下幾個特點：

一　改編後的嘲諷性更貼近本土

布萊希特的《三便士歌劇》是以英國維多利亞時代的倫敦作為

場景，對當時中產階級和資本主義社會進行諷刺和批判。《Mackie 踹共沒？》將之轉移，在時空的編撰上，則是加入許多臺灣社會時事與亂象的嘲弄。在原著之外添加枝葉，可說是《Mackie 踹共沒？》的一大特色，融入眾多臺灣社會亂象以及比連續劇還精采的新聞，大肆嘲弄臺灣諸多亂象：政客煽動族群的權力操弄、偽裝社會邊緣人的廉價同情、犯罪後的司法保護、水池擱銀子、總統一關三年不能保外就醫，以及腥羶色的新聞、名嘴文化，也被放入劇中來思考。這些屬於你我周遭的社會實相，搬演於舞臺上，不僅引來觀眾的迴響，更是讓這齣戲 high 到最高點，這因地制宜的嘲諷手法，讓整部作品彷彿成了專屬臺灣的黑色幽默諷刺劇。

二　將原著予以拆解、倒轉與拼貼

《三便士歌劇》是以線性式敘述娓娓道來，人物彼此的關聯與衝突一一上場，戲劇節奏不疾不徐。《Mackie 踹共沒？》改以倒敘手法，將原著故事進行翻轉，擷取原著的幾個重要關目情節加以拆解，進行倒轉、拼貼，之後再加以整合，整部作品的敘事策略、表現手法已經與原著大不相同。而倒轉與拼貼的運用，除了讓戲劇節奏顯得緊湊，更重要的是懸疑氛圍的增添，讓整齣戲處處期待、時時驚喜。就某個層面而言，《Mackie 踹共沒？》在透視、解構臺灣社會亂象，進行嘲諷耍弄的同時，事實上也是對於原著進行了一場解構。

三　汲取傳統戲曲說書人角色

改編本設計了說書人（劇中名為神秘客）一角貫串全劇，除了成為劇中人物（頒布聖旨），還出場交代劇情，並以全知觀點，揭示了「真相為何?」、「眼見都還不能為憑」的戲劇主題。神秘客在第一場一上場便說道：「神秘客：（默默走上，問觀眾）你們甘看到我？現在你們看到我站在這裡，因為我真的站在這裡，所以你會和朋友說，某年某月某日，你看到我站在這舞臺上，人人說『眼見為憑』，但是，你們所看到的，甘一定是真的？」。這位人物的設計可說是從傳統戲曲出發，並刻意延用了布萊希特的「疏離」（Verfremdungseffekt）理念，[24]在全劇中扮演著重要角色。原著《三便士歌劇》並無此一角色，改編本設計神秘客一角，可以為倒敘、夾敘穿插的劇情，敷以合理的進程，為拼貼剪裁的情節，帶來串場效果，深具意義。

四　結尾處理較原著更上層樓

《三便士歌劇》中的強盜頭目麥基在經歷一場逃亡追捕之後，竟因女王加冕典禮前夕來了一位使者特赦了他，並授予世襲貴族封號，而免於絞刑。皮丘姆、布朗也都毫無異議的接受了此一事實。

---

24 布萊希特畢生提倡「史詩劇場」，他認為現代劇場應該是疏離的，觀眾在看戲的時候不應該入戲，不要把自己的情感完全投入，而是要時時提醒自己是在看戲。為達疏離效果，演員的表演方式要不斷提醒觀眾們眼前所發生的一切是虛幻，戲劇動作甚至布景道具都應以象徵方式呈現，演出時可以見到演員對觀眾自我介紹或說明處境。布萊希特希望演員在角色和個人之間保持一定的距離，讓人物呈現一種「陌生化」（defamiliarization）。

然而為何獲得特赦，劇本並未清楚交代，僅是從皮丘姆的唱詞中提到人們都喜歡圓滿的結局，而帶過這一場荒謬的結尾[25]。《Mackie 踹共沒？》重新處理結局，強化了同志情結與金錢賄絡的劇情，虎捕頭與莫浩然之間的曖昧關係與收賄交易，讓虎捕頭想盡辦法保全莫浩然，於是有了「尋找 Mackie（賣雞）」的劇情設計，最後整部作品在城主作了替死鬼（成了 Mackie）之後，劇情急轉直下，一切荒謬的背後有了妥貼的處理，因而較諸原著更顯豐富、更上層樓。

承上文，從《Mackie 踹共沒？》的編創特色看來，不難看出劉建幗對於原著可說是有創發、有反省、有思考，能夠跳脫原著以形成另一番氣象。不過改編後的作品並非毫無問題，跳躍式敘述的情節，倒敘、夾敘兼而用之，讓人偶有節奏過快而難以銜接的困惑。再者，在人物形象設計上，《Mackie 踹共沒？》可說是陽盛陰衰，幾位男性人物——莫浩然、錢老闆、虎捕頭、天賜都有著極大的戲份，相較之下女性人物——錢依依、虎英兒顯得較少著墨，這或許是因為作品一開始便設計是為當家小生孫詩詠與孫詩珮量身訂做，因而較忽略小旦的戲份。相較於此，原著對於女主角波莉有較多著墨，除了在愛情觀與盲從跟隨強盜頭目的情節上有較細膩的處理，[26]對於自己的婚姻，波莉也有一番自圓其說的道理。原

25 皮丘姆：「尊敬的觀眾們，事到如今，麥基先生就要受刑，因為在基督世界，人們不可能圖僥倖，如果麥基先生不受絞刑，別認為我們同意，基督世界的規律，而是我們設想了一種結局。至少在歌劇裡你們可以看到，法律在寬容前讓步。因為我們和你們都希望有個好結局，所以國王的使者馬上來到。」布萊希特（Bertolt Brecht）著，高士彥譯：〈三角錢歌劇〉，《布萊希特戲劇選》，頁96。

26 波莉在婚禮當天發現所嫁之人為了洞房內的家具布置而傷人搶奪，感到自己十分倒楣。

著中波莉對父親說道：「我請你看他的照片，他漂亮嗎？不。他有他的收入。他能維持我的生活，他是一個出色的遛門撬鎖賊，又是一個有遠見、有經驗的強盜。我能告訴你，他現在手頭上有多少積蓄。再幹幾個幸運的買賣，我們就能夠遷到鄉間居住，那座小別墅不次於父親敬重的莎士比亞先生的那座房屋。」[27]從這段文字，可以看出兩點：其一波莉對於這場婚姻的賭注顯然是經過盤算，其二波莉藉由自己的價值觀，嘲諷了戲劇大師的經濟條件是比不上偷賊。原著對於波莉的自我反省與現實生活評估的刻劃，讓女性人物形象更為生動與活脫。此外，《Mackie 踹共沒？》中對於強盜頭目莫浩然與虎捕頭之間的曖昧，除了收受賄絡關係之外，編劇還增加了同志情誼，兩人不僅相視忘我，還有近乎相吻的舉止出現。然而，原著中麥基與布朗兩人是因為印度服役而有著同袍情誼，加上麥基定期繳交保護費給老虎布朗疏通關係，因而有著匪淺的情誼。至於兩人是否有曖昧關係，僅僅是透過第三者描述輕輕帶過[28]。改編之後，在同志關係上加以渲染誇大，這是原著中所沒有的。只是，這複雜化的人物關係，該如何強化人物的內心戲，才不至於突兀，反倒成了《Mackie 踹共沒？》另一個猶待處理的問題。

---

27 見布萊希特（Bertolt Brecht）著，高士彥譯：〈三角錢歌劇〉，《布萊希特戲劇選》，頁37。

28 原著中，波莉對父親描述布朗與麥基的關係時說道：「（詩意的）每當他們共同喝酒時，他們相互打耳光，並說：『你再打我一下，我也打你一下。』一個人離開了，另一個人就難過的說：『你去哪兒，我也去哪兒。』」。布萊希特（Bertolt Brecht）著，高士彥譯：〈三角錢歌劇〉，《布萊希特戲劇選》，頁42。

第四節　《Mackie 踹共沒？》改編本與演出本之比較

《Mackie 踹共沒？》雖是改編自德國劇作家布萊希特《三便士歌劇》，然而編劇在進行跨文化編創時已對於原著多有更動，在排演過程中，演員集思廣益，將自身對於戲劇的看法及即興創作注入劇本，以至於在最後正式演出時，舞臺上所呈現的內容，已經過多次修正，而與最初的改編本略有不同。事實上，《Mackie 踹共沒？》的登臺演出，可說是歷經了跨文化改編，以及導演、演員的二度創作，而這也正凸顯出歌仔戲劇種的活潑多樣與無限的可能。為了細究《Mackie 踹共沒？》跨文化編創之手法與意義，本文將編劇改編《三便士歌劇》之初稿稱之為「改編本」，編劇根據排演過程中演員的即興創發而發展出來，並以之呈現於舞臺上的版本稱之為「演出本」。[29]

根據一心戲劇團提供給筆者的演出版劇本上所標示，該演出本是歷經五稿而完成。也就是說，從編劇最初改編《三便士歌劇》的改編本初稿到最後搬演於氍毹上的演出本，是經過五次修正乃成。這其間所做的增異與更動，主要是因為排演時，團員們對這齣戲充分表達自己的看法，演員陳子強提到：「大家在劇本、劇情、表演呈現上不斷互相切磋磨合，集思廣益、目標一致，只希望能將劇中內容更活潑的呈現。」[30]編劇劉建幗在節目手冊上也提到：

---

29 本文所參考引用的《Mackie 踹共沒？》劇本是由「一心戲劇團」所提供，謹此誌謝。而筆者曾就此一問題訪問劇團，劇團表示即是以「改編本」與「演出本」來定位這兩部作品。

30 參見《Mackie 踹共沒？》2012年9月1日至2日演出節目手冊，陳子強演員介紹，頁23。

「而我採用的，是一種消極的方式，諷刺看待。無意指涉任一黨派（如果是排練時即興加的臺詞則不在此述）」[31]關於「排練場上的即興臺詞」，編劇在接受筆者訪問時，也同樣提及：「有些臺詞是在排練場發展出來的，故演出本和我原本創作的版本有部分不同。」[32]也就是說《Mackie 踹共沒？》的劇本最初是劉建幗根據《三便士歌劇》改編而來，後來在進行排演時，排練場上的團員們也發揮即興編創的才能，以至於最後的舞臺演出版本，已經與改編初稿有所不同。

筆者將改編本與演出本兩相對照之後，發現兩者的情節結構更動不大，最大的不同是在於語言的豐富度以及貼近生活的草根性的加強，而這也是長期做活戲的演員「腹內」所累積的功力，發揮在現代劇場的定型本演出時，落實到戲劇表演中的表現。做活戲演員長期在外臺演出所練就的即興表演功力，可說是臺灣歌仔戲藝術的一項表演特質，經驗豐富的外臺演員甚至也能從即興表演中產生對於整體戲劇效果的自覺，而能將演出的成效與導向，瞭然於胸臆。一心劇團演員孫詩珮在談到演活戲的經驗上就曾表示：

> 我先想過一遍，run 一次，我會預設哪一場我要有什麼效果、什麼感覺出來，我自己會先想好我的模式。所謂的隨機應變，要看對方給我什麼東西，我接球，我馬上又丟球給你。我很清楚說，丟給你，我要把你帶到我要的氛圍裏面，因為我知道我設計的範圍一定有效果存在，已經都事先想過

31 參見劉建幗〈什麼時代這等悲哀〉一文，《Mackie 踹共沒？》2012年9月1日至2日演出節目手冊，頁11。

32 筆者於2012年9月10日寫信請教劉建幗，建幗於2012年9月12日回信表示。

了。[33]

對於戲劇效果的預設與想像，可說是做活戲演員培養「戲感」的重要條件，這與現代劇場參照定型劇本、根據導演指示與引導來走戲的演出方式也有很大的不同。根據林鶴宜的研究，歌仔戲即興表演是「以演員中心」的表演機制，演員以1. 鋪陳戲劇場景、2. 堆疊劇情、3. 落歌等三個重點步驟不斷重複或輪替執行，以建構一個個情節段落，在舞臺上直接以「表演」來說故事，完成戲劇演出。[34]具有豐富演出經驗與主導戲劇進程能力的外臺即興演員在走入現代劇場後，在「以導演為中心」的大前提之下，若還能夠擁有一些發聲的空間，得以積極參與戲劇效果的展現，當是令人期待的。而這期間，演員即興注入的想法，也正透顯出外臺做活戲的珍貴意義。

以下將以《Mackie 踹共沒？》的改編本與演出本進行比較，筆者認為演出本較諸改編本，在新聞議題與現代語彙、語言諧擬與嘲弄、貼近劇種本色及人物形象這幾個方向有突出的表現，以下詳述之：

一　演出本增添了新聞議題與現代語彙

演員在排演過程中似乎對於演出的效果有著相當程度的敏銳與

33 這段孫詩珮的談話內容引自林鶴宜：〈臺灣歌仔戲「做活戲」的演員即興表演與劇目創作參與〉，《民俗曲藝》第175期（2012年3月），頁142。

34 參見林鶴宜：〈東方即興劇場：歌仔戲『做活戲』的演員即興表演機制和養成訓練〉，《戲劇學刊》第13期（2011年），頁97。

見解，演出本中諸多現代語彙的加入，達到了幽默詼諧的戲劇效果，舉例而言：

有　誠：老大，我跟你說，你交代的事我都辦好了。

有　義：根據情報這間叫「帝寶」的大瓦厝，主人劉媽媽她兩天後才回來，（眼神）老大，我們可以安心使用。

有　誠：老大，我跟你說，之前你不是嫌這間的床不夠軟，我已經把李員外他家最大、最軟、最好睏世界級名牌「席夢絲」眠床，搬來給老大你用喔。

莫浩然：做得好。有誠、有義，你們現在可以把兄弟們都叫來了。[35]

又如：

虎捕頭：（對衙役說）你們兩個啊，咱做官人，大公無私、善惡分明、為民服務，百姓放中央，（對錢老闆說）不好意思，我兩個手下不懂事，我是……（拍手，衙役牌子翻面，兩面牌都寫7-11，7-11音效）

---

35 見《Mackie 踹共沒？》演出本，頁4。為便於比較改編本與演出本的不同，筆者將改編本初稿內容陳列如下：

有　誠：老大，你交代的事情我都辦好了。

有　義：這李大戶的大屋，根據情報，兩天後他才會回來，我們可以放心使用。

有　誠：之前你棄嫌李家的床不夠軟，我和弟兄們已經把劉員外家的大床搬過來了。

莫雲天：做得好。有誠、有義，你們現在可以把兄弟們都叫來了。

見於《Mackie 踹共沒？》改編本，頁4。

錢老闆：（一看）Seven店長？

虎捕頭：不是啦！我是十二個時辰隨時為民服務。（衙役牌翻回）

錢老闆：（對虎捕頭）請問捕頭怎麼稱呼？

虎捕頭：錢老闆，我是專捉犯人、維護龍城治安的「虎捕頭」。

錢老闆：「虎捕頭」，一聽名字就知道你是一個「好捕頭」，想不到蒼天有開眼，讓我遇到公正無私的好官員。

虎捕頭：千萬不要這樣講，那是你跟別人不同款！

錢老闆：（疑問）什麼不一樣？

虎捕頭：因為你是財團……[36]

「帝寶」、「劉媽媽」、「席夢絲」、「便利商店7-11」、「財團」，文本中諸如此類的現代語彙可說是不勝枚舉。這些現代語彙與新聞議題的置入，產生了時空異位的錯覺，劇情寫實化的增強，不僅貼近了觀眾的生活，也達到了幽默的諷刺手法。

---

36 見《Mackie踹共沒？》演出本，頁12。而改編本初稿的內容是：
錢老闆：全龍城最大規模的……企業老闆！（老虎聞言，立刻變得和藹。）
虎捕頭：不好意思，我兩個手下不懂事。錢老闆，我是專捉犯人、維護治安的捕頭，你可直接跟我說無妨，全天候為人民服務。
錢老闆：哼，嘴臉變得真快。（對虎捕頭）請問捕頭大人怎麼稱呼？
虎捕頭：我叫老虎，大家都叫我「虎捕頭」。
見於《Mackie踹共沒？》改編本，頁9。

二　演出本的語言諧擬與嘲弄

在排演場上的即興異想創發，讓演出本的語言諧擬與嘲弄更顯特色，舉例而言，最初改編本的內容為：

> 天　賜：那天被打傷之後，有個叫「賣雞」(Mackie）的人，給了我一張單子，上面有這個地址……，說是可以提供幫忙。
>
> 錢老闆：「賣雞」？（問富、貴）我們這裡有叫「賣雞」的嗎？
>
> 富、貴：沒啊。我聽過賣鴨的、賣豬的，沒聽過「賣雞」。[37]

這部分情節內容在演出本中有了更多想像：

> 天　賜：呃……有個人給了我一張紙，上面有這個地址……，說是可以提供幫忙
>
> 錢老闆：誰？叫什麼名字？
>
> 天　賜：叫……叫……叫（靈機一動，音效）「Mackie」……，(眾人瞪，天賜害怕)(念國語)「賣…雞」。
>
> 富貴：(聽錯）他說我們白痴？
>
> 萬年：不是啦，他講咱「不會生」
>
> 富貴：(爭辯）白痴啦！

37 參見《Mackie踹共沒？》改編本初稿，頁7。

萬年：（爭辯）不會生啦！

錢老闆：都不用吵，我知道他說的是什麼，他說的是「賣雞」！

萬、富：（了解點頭，欽佩）老闆英明！[38]

語言文字的諧擬與玩弄成了舞臺上最好的笑料。又如，天賜加入乞丐公司，改編本中錢老闆僅說：「其他的欠著但要算利息。（天賜：多謝……）還是第十一區嗎？／天　賜：嗯。」在演出本則更改為：

老　闆：給你欠（天賜：多謝……），但要算利息（天賜：ㄊ……）還是猶原是龍正區？

天　賜：（聽錯）中正區？

錢老闆：這是龍城，不是臺北市！什麼中正區，是「龍正區」！

天　賜：嗯。[39]

利用語言的諧擬（龍正區／中正區），創造出古（龍城）／今（臺北市）對照的想像。再如演出本中這段精采對話：

錢老闆：捉人啊！

虎捕頭：啊，拍謝，依照律法規定，要入府搜查，要先申請「搜索票」。

38 參見《Mackie踹共沒？》演出本，頁9。

39 參見《Mackie踹共沒？》演出本，頁9。

錢老闆：什麼！？這個時代哪有「搜索票」，你給我莊孝維？

虎捕頭：有啊，「搜索票」怎麼會沒有呢？（手勢比錢）就是要「提錢講」！

（虎捕頭比手勢，錢老闆瞭解意思，拿錢出來）[40]

「搜索票」、「莊孝維」的現代語彙，已讓觀眾拉回自身所處的社會，再加上運用「提前講」與「提錢講」的語言諧音，嘲弄官府貪汙的手法，令人莞爾。

三　演出本的語言更貼近劇種本色及人物形象

改編本充滿文人筆調，演出本則是草根性強烈，劇本在演員的臺詞與唱詞上作了一翻修正。舉例而言，改編本原為：「萬、貴：有道理耶……（唱）威風神氣、大搖大擺、吃香喝辣不用伸手溝請」[41]，到了演出本則改為：「萬、貴：老闆說的有道理耶……搖擺秋丟（囂張威風）、大魚大肉不用孤晟（拜託）。」[42]閩南語與俗語的運用，讓劇種語言特色更加突出。尤其是人物肖似口吻的推究上，演出本更能吻合人物形象，像乞丐企業錢老闆在改編本中是位出口成章、頻頻引經據典的人物，諸如：「正其誼，不謀其利；明其道，不計其功」、「躬自厚而薄責於人，則遠怨矣」、「臨川羡魚，不如退而結網」，這類文學性極高的用語，讓這位乞丐企業

40 參見《Mackie 踹共沒？》演出本，頁13。

41 參見《Mackie 踹共沒？》改編本初稿，頁9。

42 參見《Mackie 踹共沒？》演出本，頁11。

老闆彷若一位飽讀詩書的文人，這些臺詞到了演出本則悉數刪除，改以詼諧逗趣的語彙來強化人物形象，讓演員所充任的行當，成功的從生角轉換為丑角。再如，錢依依與小嘍嘍、莫皓然間的對戲，演出本也改為更具有閩南語語言特色的口吻：

（改編本）

有　誠：兄弟們之間謠傳，說錢老闆那邊不用打殺賣命就有飯吃，比我們這裡好混得多！（對嘍囉）說！你們話是怎麼傳的！

嘍囉甲：（數板或唱）不用動槍又動刀

嘍囉乙：（數板或唱）伸手就有錢免操勞

嘍囉甲：（數板或唱）草蓆擺下就唱歌

（乞丐調）「頭家啊～好量啊～～淡薄來施捨～」

兩嘍囉：（國語）這才是理想的生活～

依　依：（唱）你們只知其一不知其二

乞丐的辛苦你們不知

內內外外需打理

都靠我父親提供裝備

為了逼真假冒乞丐兒

全身臭味親像豬

冷天不能穿暖衣

餐風露宿為討食

依　依：做乞丐並非是你們所想得那麼輕鬆啊～

莫雲天：現在的人就是這樣，只看到別人爽快的那一面，不懂得好好反省，做好強盜這個有前途的行業！實在是真該死！[43]

（演出本）

有　誠：最近兄弟們之間謠傳，說錢老闆那邊不用拼死拼活就有飯吃，比我們這裡好混得多！（對囉囉）說！這些話是怎麼傳的！

囉囉甲：（念）不用動槍又動刀

囉囉乙：（念）手伸錢來免操勞

囉囉甲：（念）草蓆擺下歌就落（下）

眾盜賊：【乞丐調】「頭家啊～好量啊～～「國：可憐可憐我～」」

（國語）這才是「理想的生活」！

依　依：你們啊！

【七字白】

恁只看表面不知枝（裏），羨慕乞丐沒道理

六月哈油鼎臭甲親像豬（曬），下雪沒暖衫寒甲冷枝枝

透風落雨分街市，剩菜剩飯度時機（收尾）

（口白）做乞丐並非是你們所想得那麼輕鬆啊～

莫浩然：就是這樣啊！現在的人就是這樣，只看到別人爽快的那一面，吃一怨一，不會好好反省，實在是真該死！你們大家要做好強盜，這個有前途的行業！[44]

---

43 參見《Mackie 踹共沒？》改編本，頁11-12。

44 參見《Mackie 踹共沒？》演出本，頁15。

從上面所引文本中錢依依、莫皓然、小嘍嘍三人的對戲中，可以看出演出本為了讓人物更肖似口吻所做的改變與調整。雖然是在不妨礙改編本的前提下所做的微調，但這些脫去中文化的語彙，確實讓演出本更加增色。

第五節　《Mackie 踹共沒？》之藝術特色

《Mackie 踹共沒？》雖是演出於現代劇場，然而卻有別於歷來歌仔戲追求精緻性與文學性的訴求，而創發出一套充滿流行文化元素的「摩登歌仔戲」。關於《Mackie 踹共沒？》的藝術特色，筆者擬從劇場概念、胡撇仔戲、敘事風格、流行音樂、表演程式幾個方向來談：

一　劇場疏離感的破除與消彌

導演劉守曜在演出後的座談會上曾表示，他有意讓《Mackie 踹共沒？》像是一場 home party，[45]就演出過程中演員頻頻與臺下互動、對話的表演方式看來，整齣戲確實熱鬧滾滾，觀眾彷彿也成了劇情中的一角。劇中虎捕頭、莫浩然、錢老闆於演出中多次與觀眾對話，邀觀眾入戲，這樣後設的表演手法，不僅破除了觀戲的疏離感，也讓現場觀眾大為雀躍。演員除了與觀眾多有互動，也與文武場有演出交集，其中最為明顯的例子莫過於有誠、有義指揮文武場這一段：

---

45 筆者觀賞的是2012年9月1日的演出，演出結束後有一場導演與觀眾的座談會。

有　義：她是你的死對頭，乞丐之友商店錢老闆他的掌上明珠！！！！

（有誠指揮現場文武場，奏強烈音樂，音樂繼續）

莫浩然：當真？

有　誠：當真。

莫浩然：果然？

誠、義：吼，果然啦。

莫浩然：（非常歌仔戲的笑）哈！哈！哈哈哈哈！好！我決定，一定要讓她愛我，我要和她成親！

（莫浩然喊得很大，但不下鼓介。空拍一秒。莫浩然小乾，對有誠有義使眼色，兩人明白，指揮文武場奏強烈音樂，莫浩然不悅。）

（有誠、有義回來道歉，求莫浩然再給一次機會。）

莫浩然：我決定要和她成親！

（正確音樂一次，接鑼鼓樂。）[46]

文武場接受演員指令，給予配合劇情的音樂，這與傳統戲曲中文武場處於伴奏的單純角色截然不同。演員不管是與臺下觀眾互動，或是與場上文武場的共同演出，都消彌了劇場的疏離感。

二　胡撇仔戲的置入與轉換[47]

46 參見《Mackie踹共沒？》演出本，頁6。

47 所謂「胡撇仔戲」，是來自日語 Opera，日據時期因為皇民化運動，傳統戲曲被迫結合新劇而為「改良戲」，當時的歌仔戲改穿和服、手執武士刀，文武場改以導演劉守曜雖熟稔於現代劇場，倒也能夠拿捏戲曲元素特質，捨棄「以形式美學為主導、充滿符號對話實驗歌唱劇」，而循以「以傳統特色為基礎，在其中進行拼貼、翻轉與當代對應」，[48]因而採取置入外臺胡撇仔戲的活潑熱鬧又華麗的表演方式。[49]劇情遊走於古今，劇中人物的語彙亦古今夾雜，7-11、小三、示威抗議、搜索票、財團，這些現代語彙流竄於舞臺，胡撇仔戲的拼貼文化表露無遺。表演程式的跳 tone 還不僅於此，演員在陳述過往發生的事件時，以肢體動作倒帶方式還原真相。關說、收貪的黑金文化，以丟擲、接收飛盤（黑色飛盤）來象徵，這些演出方式完全跳脫傳統戲曲程式，充分吸收現代劇場及胡撇仔戲的元素，置換過程流暢，毫無扞隔之處。

三　以導演為中心的敘事風格

歌仔戲的演出向來是以演員為中心，進入現代劇場後，則朝向以導演為中心的表演。《Mackie 踹共沒？》劇本重視敘事性的鋪展

留聲機，劇中的朝廷改為公司、皇帝改為董事長。後來歌仔戲進入內臺商業演出時，延續此一風潮，以流行歌曲、西洋樂器、華麗的舞臺聲光作為穩固票房的噱頭。直至今日外臺歌仔戲的夜戲演出，仍然保有此一風格。

48 參見劉守曜〈庶民的歌百姓的戲〉一文，《Mackie 踹共沒？》2012年9月1-2日演出節目手冊，頁10。

49 關於導演設定以胡撇仔戲做為演出基調，演員孫詩珮在節目手冊上也提到：「一開始的排練，導演給演員們的訊息是這齣戲要用胡撇仔的方式來展現，所以會加入很多現代劇場的元素，因此大家將傳統戲曲的身段、以及說話的方式完全捨棄，直到導演很認真的告訴我們：『這齣戲雖然是西方的題材，但希望我們可以用傳統戲曲歌仔戲的方式來做詮釋，保有傳統戲曲的味道』」見《Mackie 踹共沒？》2012年9月1日至2日演出節目手冊，頁20。

為整齣戲奠定了基調，導演在刻意淡化表演程式之後，將人物的內心情感放大在舞臺調度與語言對話上。整部作品的舞臺調度充滿了暗示性與懸疑性，每位演員的肢體動作皆有想表達的話語，隱藏在「潛臺詞」與劇本語言所建構的義涵之外，「導演調度舞臺的流轉」成為敘事的中心，大大消滅傳統歌仔戲「以演員為中心」的表現方式。也就是說，劇本的語言與導演的舞臺調度，讓整齣戲不再是圍繞著幾位偶像級演員，充分展現「語言」與「劇場」流動的魅力，這是劇場導演帶給歌仔戲的新風格。

四　流行音樂的注入與融合

有別於以往的現代劇場歌仔戲慣用的國樂演奏，在規模不大的文武場編制下，音樂設計何玉光讓《Mackie 踹共沒？》充滿搖滾爵士風，傳統曲調與新編曲調輪番上陣，時而很歌仔、時而很搖滾。其中主題歌曲【什麼時代】、【波麗之歌】採用多重聲部合唱，又增添了 Opera 的風格。打破西洋樂器與傳統樂器、爵士搖滾與歌仔曲調的藩籬，《Mackie 踹共沒？》的音樂有了大膽的挑戰與創新。

五　表演程式的跳脫與創新

演員孫詩珮、孫詩詠對於亦邪亦正的角色詮釋，也是跳脫了傳統行當的表演，孫詩詠詮釋流氓漂魄的風流小生（莫浩然）如魚得水，孫詩珮刻劃詼諧逗趣的丑角（錢老闆），歪嘴擠眉瞪眼的做表，讓人物活潑討喜。兩名小旦孫麗惠、陳昭薇的表現恰如其分拿捏得宜，一場現代舞的表演，上半身的傳統手勢，搭配下半身的爵士舞步，讓旦角的身段跨越中西。林冠妃一人扮飾兩角（神秘客、天賜），以不同口吻不同聲調，成功詮釋兩個截然不同的角色。另外，圍繞黑幫老大及錢老闆身邊的幾名配角，雖是甘草人物但也都卯足全力，寫實做表演來逗趣詼諧，為戲增色不少。此次情商特邀演出的陳子強（虎捕頭），也將個人在戲劇、電影、電視的經驗融合於表演中，創發出個人的獨特舞臺魅力。整齣戲不是聚焦於幾位明星要角，而是各演員、各角色皆有發揮、相互抗衡。而在服裝設計上，為角色所量身打造的造型，適切展露人物形象，莫浩然的超高墊肩、錢老闆的燈籠造型長袍，提供了演員逗趣身段的表現，讓演員的整體表現加分。

第六節　結語

20世紀末起，在歐美興起了「跨文化劇場」，在臺灣學者的引進之下，傳統戲曲界也在80年代開始了跨文化編創。現代劇場歌仔戲則是自90年代開始出現跨文化作品，河洛歌子戲團改編果戈里《巡按使》而為《欽差大臣》，揭開現代劇場歌仔戲跨文化編創的序幕。迄今二十多年來，歌仔戲運用現代劇場觀念與技術，展現跨文化編創的新思維、新格局，目前所累積的現代劇場歌仔戲跨文化作品已達十五部，可謂成果輝煌，這是相當值得學界留意與關注的。

一心戲劇團近年來努力耕耘於現代劇場，推出不少叫好又叫座的作品，其中跨文化編創作品就有三部，佔歷來現代劇場歌仔戲之跨文化作品的五分之一。發表於2012年的《Mackie 踹共沒？》，係改編自德國劇作家布萊希特《三便士歌劇》。該劇以倒敘手法，將原著故事進行翻轉，擷取原著的幾個重要關目情節加以拆解，進行拼貼之後再加以整合，整部作品的敘事策略表現手法已經與原著大不相同。其中倒轉與拼貼的運用，除了讓戲劇節奏顯得緊湊，更重要的是懸疑氛圍的增添，讓整齣戲時時充滿驚奇。而神秘客一角的設計，為倒敘夾敘穿插的劇情，敷以合理的進程，為拼貼剪裁的情節，帶來串場的效果。不過也因為跳躍式敘述的情節，倒敘、夾敘兼而用之，讓人偶有節奏過快而難以銜接的困惑。在時空的編撰上，《Mackie 踹共沒？》融入眾多臺灣社會亂象，以及比連續劇還精采的新聞，大肆嘲弄臺灣諸多亂象：政客煽動族群的權力操弄、偽裝社會邊緣人的廉價同情、犯罪後司法的保護、名嘴文化，也都被放入劇中來思考。這些屬於你我的荒謬社會實相，搬演於舞臺上，不僅引來觀眾的迴響，更是讓這齣戲 high 到最高點，整部作品彷彿成了專屬臺灣的黑色幽默諷刺劇。

此外，《Mackie 踹共沒？》重新處理了原著的結局，強化了同志情結與金錢賄絡的劇情，在「尋找 Mackie（賣雞）」的劇情設計下，整部作品在城主作了替死鬼（成了 Mackie）之後，一切荒謬的背後有了妥貼的處理，因而較諸原著更顯豐富。至於在人物形象設計上，原著對於女主角有較多著墨，《Mackie 踹共沒？》或許因為一開始便是為當家小生演員而量身訂做，因而較忽略小旦的戲份，以至於生角、丑角的戲分遠大於旦角。

《Mackie 踹共沒？》從最初根據《三便士歌劇》改編而來的初稿，到後來進行排演時排練場上團員們的即興編創，前後經歷五次修改，才成就出最後的舞臺演出本。改編本與演出本兩相對照之後，兩者最大的不同在於語言的豐富度及貼近生活的草根性，而這也是長期做活戲的演員「腹內」所累積的功力，發揮在現代劇場的定型本演出時，落實到戲劇表演中的表現。整體說來，演出本較諸改編本融入更多新聞議題與現代語彙，也大玩語言的諧擬與嘲弄，增加整體風格的活潑度。而貼近劇種本色的詞彙與肖似人物口吻的刻畫，都讓整部作品更加完整。前述幾點演出本所呈現的藝術特質，在在顯示出具有豐富演出經驗與主導戲劇進程能力的外臺即興演員，是如何透過長年活戲表演機制的養成，將自身寶貴的戲感投入於戲劇中，凸顯出歌仔戲外臺做活戲的珍貴意義。

演員以外臺戲的演出經驗注入於劇本中，導演也以現代劇場出身的背景，尊重傳統之餘，特意跳脫現代劇場歌仔戲向來所追求的精緻性與文學性，而選擇置入外臺胡撇仔戲的活潑熱鬧又華麗的表演方式。演出過程中演員頻頻與臺下互動、對話，甚至是邀觀眾入戲，這樣後設的表演手法，不僅破除了觀戲的疏離感，也讓現場觀眾大為雀躍，劇場疏離感的破除與消彌成了這齣戲的一大風格。此外，「導演調度舞臺的流轉」成為整齣戲的敘事中心，大大消減傳統歌仔戲「以演員為中心」的表現方式。也就是說，劇本的語言與導演的舞臺調度，讓整齣戲不再是圍繞著幾位偶像級演員，充分展現「語言」與「劇場」流動的魅力，這是劇場導演帶給歌仔戲的新風格。在音樂設計方面，作品充滿搖滾爵士風，傳統曲調與新編曲調輪番上陣，《Mackie 踹共沒？》的音樂有了大膽的挑戰與創新。至於演員的表現，更是精益求精，跳脫傳統行當的做表，整齣戲的美光燈不再聚焦於幾位明星要角，而是各演員、各角色皆有發揮、相互抗衡。

戲曲的跨文化，讓戲曲增添了許多新元素，也讓戲曲界變得更加活躍多元。然而在吸收跨文化元素時，需要考慮很多方向，比方東西文化的差異、原著劇本與改編本的平衡、劇種的特殊性等等，這樣才能讓東西文化更加相容。所謂成功的改編，應當是新意與舊意的完美調和，改編作品必須對原著作品的人物特質以及處境作微調，以求賦予劇情新的角度及意涵。傳統與現代並非徑渭分明的界線，而是相容相承的依附關係，現代由傳統而生，傳統因現代而進化，改編西方經典並非一味的借鏡西方以破除傳統戲曲的程式，而是期盼東西文化的衝突、撞擊、吸收與再融合的過程，能夠回歸審視自身藝術的價值。現代劇場出身並多年嘗試跨文化編導工作的呂柏伸導演，在執導傳統戲曲的心得上，曾就審視自身藝術價值而提到：「我的劇場知識和導戲手法確實深受西方劇場的『再殖民』，然而，相當弔詭有趣的是，這樣的『再殖民』經驗反倒提供了我管道，引領我重新開始想要去認識瞭解自身戲劇傳統文化的『美麗』（beauty）與『智慧』（wisdom）（這裡我所指的是傳統戲曲）」。[50] 這段經驗的分享正說明在進行戲曲跨文化創作的同時，其實也是一場回歸與自省的過程，東西劇場的交融，對於戲曲藝術的精進是有其意義的。

「一心戲劇團」從外臺廟會廣場走入現代劇場，將外臺歌仔戲元素劇場化，跨文化編創的《Mackie 踹共沒？》一劇，在保有草根性的原初精神之下，從歌仔戲的戲曲本質出發，融合外臺戲與現代劇場的文化與元素，在東西戲劇融合交集中，創發出一套摩登新穎的表演風格，以青春、草根、顛覆的活潑形象，在現代劇場歌仔戲的一片精緻呼聲中另闢了蹊徑。

---

50 見呂柏伸：〈跨文化戲劇創作的幾點想法——寫在豫莎劇《約／束》演出之前〉，陳芳主編：《戲曲易容術專題》（臺南市：臺南人劇團，2010年2月），頁69。

附錄：現代劇場歌仔戲之跨文化編創一覽表

時間	劇團	原著及作者	歌仔戲改編本及作者
1996年	河洛歌子戲團	果戈里（Nikola Vasilevich Gogol）：《巡按使》（*Revizor*）	陳道貴編劇、陳德利監修：《欽差大臣》
1997年	洪秀玉歌仔戲劇團	莎士比亞（William Shakespeare）：《哈姆雷特》（*Hamlet*）	黃英雄：《聖劍平冤》
1997年	薪傳歌仔戲劇團	格林兄弟（Jacob Grimm & Wilhelm Grimm）：《灰姑娘》（*Cinderella*）	廖瓊枝：《黑姑娘》
1999年	唐美雲歌仔戲團	安德洛伊（Andrew Lloyd Webber）：《歌劇魅影》（*Phantom of the Opera*）；卡斯頓．勒胡（Gaston Leroux）：《劇院之鬼》（*Le Fantôme de l'Opéra*）	柯宗明：《梨園天神》
2001年	河洛歌子戲團	莎士比亞（William Shakespeare）：《羅密歐與茱麗葉》（*Romeo and Juliet*）	江佩玲編劇、洪清雪改編：《彼岸花》
2001年	秀琴歌劇團	索福克勒斯（Sophocles）：《伊狄帕斯王》（*Oedipus the King*）	莊金梅：《罪》
2006年	唐美雲歌仔戲團	安德洛伊（Andrew Lloyd Webber）：《歌劇魅影》（*Phantom of the Opera*）；卡斯頓．勒胡（Gaston	施如芳：《梨園天神桂郎君》

時間	劇團	原著及作者	歌仔戲改編本及作者
		Leroux）：《劇院之鬼》（*Le Fantôme de l'Opéra*）	
2006年	海山戲館	莎士比亞（William Shakespeare）：《馴悍記》（*The Taming of the Shrew*）	林紋守：《惡女嬌妻》
2007年	臺灣春風歌劇團	卡羅．高多尼（Carlo Osvaldo Goldoni）：《威尼斯雙胞案》（*The Two Venetian Twins*）	蘇芷雲：《威尼斯雙胞案》
2009年	臺灣春風歌劇團	阿嘉莎．克莉斯蒂（Dame Agatha Mary Clarissa Christie）：《東方快車殺人事件》（*Murder on the Orient Express*）	許美惠：《雪夜客棧殺人事件》
2011年	春美歌劇團	華格納（Richard Wagner）：《崔斯坦與伊索德》（*Tristan und Isolde*）	張靖媛編劇、蔡欣欣編修：《我的情人是新娘》
2011年	尚和歌仔戲劇團	莎士比亞（William Shakespeare）：《奧賽羅》（*Othello:The Moor of Venice*）	梁越玲：《牟尼之瞳》
2011年	一心戲劇團	馬婁（Marlowe）：《浮士德博士悲劇史》（*The Tragedy of Dr. Faust*）；歌德（Goethe）：《浮士德》（*Faust*）	孫富叡：《狂魂》
2012年	一心戲劇團	布萊希特（Bertolt Brecht）：《三便士歌劇》	劉建幗：《Mackie 踹共沒？》

時間	劇團	原著及作者	歌仔戲改編本及作者
		（*The Three-penny Opera*）	
2017年	一心戲劇團	馬里伏（Pierre Carlet de Marivaux）:《愛情與偶然狂想曲》（*Le Jeu de l'amour et du hasard*）	孫富叡、許栢昂:《啾咪！愛咋》

第三章
罅隙與衍異
——談歌仔戲《罪》之跨文化編創*

第一節　前言

「戲曲跨文化」、「跨文化戲曲」的觀念可說是近年來受到學術界與戲劇界相當關注的議題。為能與西方學術論述接軌，臺灣學界無不試圖引進西方跨文化戲劇之相關理論，以充實戲曲跨文化演繹的立論基礎。根據法國跨文化戲劇學者派崔斯．帕維斯（Patrice Pavis）在《跨文化表演讀本》（*The Intercultural Performance Reader*）中定義「跨文化劇場」，是指不同文化背景與表演方式，經過有意識、有自覺的混合，而形成一種與原始風貌迥然不同的新表演形式，[1]帕維斯並將跨文化戲劇分為六種類型。[2]由於跨文化劇場所

---

* 本文初稿宣讀於世新大學中文系第六屆「兩岸韻文學學術研討會」（2013年5月11日）。尚未刊載於期刊學報，今重新修正收入本書。

1 原文：Intercultural theatre: In the strictest sense, this creates hybrid forms drawing upon a more or less conscious and voluntary mixing of performance traditions traceable to distinct cultural areas. The hybridization is very often such that the original forms can no longer be distinguished. The experiments of Taymor, Emig or Pinder, who adapted elements of the Balinese theatre for American audiences (Snow, 1986), the creations of Brook, Mnouchkine of Barba, drawing upon Indian or Japanese traditions, belong to this category. ParticePavis,. *The intercultural Performance Reader* (London; New York: Routlege, 1996), pp. 8.

2 這六個類型為：「跨文化戲劇」（Intercultural Theatre）、「多元文化戲劇」（Multicultural Theatre）、「文化拼貼」（Cultural Collage）、「綜合戲劇」

牽動的問題相當複雜，戲劇如何從「原著文化」（source culture）轉移到「標的文化」（target culture），帕維斯還提出「沙漏理論」（The Hourglass Model of Intercultural Theatre），提供十一項檢視項目[3]。「沙漏理論」提出後，受到學界的關注，陸續有學者對此提出質疑與修正，其中較為受矚目的是羅斯頓・巴魯洽（Rustom Bharucha）所提出的鐘擺模式，他強調兩種文化因力量不均彼此達到平衡與共識，兩者的關係如鐘擺的搖晃[4]。帕維斯意識到原先理論的問題，在1996年出版的《跨文化表演讀本》（*The Intercultural Performance Reader*）中針對「沙漏理論」提出了修正，並承認跨文化的對稱模式與「沙漏理論」可以任意翻轉的想法，對於亞洲劇場而言是過於天真[5]。2002年，賈桂琳・羅（Jacqueline Lo）和海倫・吉伯特（Helen Gilbert）更是提出「三橢圓圖」（Proposed Medel of Interculturalism），並以輻射狀雙向圖及九個劇場元素說明改編作品受到政治社會的影響，而游移於「原著文化」與「標的文化」的兩

（Syncretic Theatre）、「後殖民戲劇」（Post-colonial Theatre）、「第四世界戲劇」（The "Theatre of the Fourth World"）(Patrice Pavis, *The Intercultural Performance Reader* (London; New York: Routledge, 1996), pp. 8-10.)

3 這十一項檢視項目為：(1)cutural modeling (2)artistic modeling (3)perspective of the adapters (4)work of adaptation (5)preparatory work by actors (6)choice of a theatrical form (7)theatrical representation of the culture (8)reception-adapters (9)readability (10a)artristic modeling (10b)sociological and anthropological modeling (10c)cultural modeling (11)given and anticipated consequences. Partice Pavis, *Theatre at the Crossroad of Culture* (London; New York: Routlege, 1992), pp. 4.

4 Rustom Bharucha, *Theatre and the World* (London; New York: Routledge, 1993), pp. 241.

5 ParticePavis, *The intercultural Performance Reader*. (London; New York: Routlege, 1996), pp. 2.

端，並據此試圖修正「沙漏理論」[6]。

美國紐約大學教授理查・謝喜納（Richard Schechner）於其《表演藝術研究：導讀》（*Performance Studies: An introduction*）甚至認為跨文化表演必需從全球化的觀點來研究，可以分為四大方向來分析：垂直性／橫向性跨文化研究（Vertical/horizontal intercultural research）、觀光旅遊（Tourist）、文化融合（Hybrid and fusions）、地域性表演（community-based performances）。[7]他認為跨文化是一種經濟、政治、文化、意識形態的結合。介於兩者或更多種文化之中，跨文化表演強調的是整合或分裂，人類文化有共同的根源，每個人也都可以擁有「選擇性的文化」。[8]

事實上，各家理論分別有其立論基礎與分類方法，往往一部跨文化戲劇作品，是無法限定於某一類型或形式，而是有所跨越與互涉。西方跨文化劇場理論的提出與建構，可說是近二、三十年來相當受到矚目的研究。臺灣的戲劇環境也在諸多學者，如：馬森、鍾明德、胡耀恆、黃美序、戴雅雯、呂健忠、彭鏡禧、石光生、段馨君、陳芳、朱芳慧、黃千凌等人的引介及研究，以及劇場工作者：吳興國、林秀偉、呂柏伸等人的推動與實踐之下，而有了不斐的成績與視野。

---

6 三橢圓圖中的九個劇場元素，依其原文順序分別為：(1)cultural modeling (2)artistic modeling (3)work of adaptation (4)preparatory work by actors (5)choice of theatrical form (6)artistic modeling of target culture (7)sociological & anthropological modeling of target culture (8)cultural modeling of target culture (9)given and anticipated consequences. Jacqueline Lo and Helen Gilbert, " *Towards Topography of Cross-CulturealTheartre Praxis,*" TDR 46.3 (2002), pp. 41-43.

7 Richard Schechner, *Performance Studies: An introduction* (London; New York; Routledge, 2002),pp. 226.

8 參見朱芳慧：《當代戲劇鑑賞與評論》（臺北市：五南出版社，2017年），頁48。

戲曲的跨文化，若就其文本的創作動機而言，改編者大多試圖尋找異文化與戲曲之間對話的可能，或將外國文學作品的框架填入中華傳統的人物與思維，以達到西方文化對傳統戲曲的刺激，或採取部分挪移的改編方式，以方便在文本中刻意避開嚴肅議題或哲學思想，解決詮釋上的困難。

歌仔戲在戲曲環境漸趨成熟及跨文化西潮風氣之下，也屢屢有跨文化編創作品。現代劇場歌仔戲挑戰改編西方文學作品，以移植西方劇作，作為票房的保證，儼然成為一種嚐鮮與挑戰[9]。歌仔戲跨文化改編作品經過劇種的轉化分別以不同樣貌，蛻變成屬於歌仔戲「口味」的作品，而「原著文化」(source culture)，也在移植改編的過程中，轉換成適合臺灣風土民情的「標的文化」(target culture)。長年衝州撞府的外臺歌仔戲團在走入現代劇場後，嘗試挑戰西方劇作，這不僅僅是西方與東方的融合與撞擊，也是即興做活戲與定型精緻戲的磨合與轉變，其中所要面對的難處與創新，都是值得我們留意與觀察的。因此，本文將以南臺灣著名的「秀琴歌

9 現代劇場歌仔戲改編西方作品的有：1996年河洛歌子戲團改編果戈里《巡按使》而為《欽差大臣》，首開現代劇場歌仔戲的跨文化演出，緊接著洪秀玉歌仔戲劇團改編莎士比亞的《哈姆雷特》推出《聖劍平冤》(1997年)；同年薪傳歌仔戲劇團改編格林童話《灰姑娘》而為《黑姑娘》。1999年唐美雲歌仔戲團改編卡斯頓．勒胡小說《歌劇魅影》推出創團作品《梨園天神》。2001年河洛歌子戲團挑戰莎士比亞《羅密歐與茱麗葉》推出《彼岸花》；同年秀琴歌劇團改編希臘悲劇《伊底帕斯王》推出《罪》。2006年唐美雲歌仔戲團再度改編《歌劇魅影》，推出《梨園天神桂郎君》；海山戲館也於同年改編莎士比亞的《馴悍記》，演出《惡女嬌妻》。2011年春美歌劇團推出《我的情人是新娘》，改編自華格納歌劇《崔思坦與伊索德》；同年，一心戲劇團改編馬婁《浮士德博士悲劇史》而為《狂魂》。2012年，一心再度推出跨文化編創歌仔戲《Mackie 踹共沒？》，改編自布萊希特《三便士歌劇》。2017年一心又推出《啾咪！愛咋》，改編自馬里伏《愛情與偶然狂想曲》。

劇團」為例，探究其跨文化作品《罪》之編創上的問題與優劣。

「秀琴歌劇團」是南臺灣相當受到歡迎的歌仔戲劇團，每年戲路近乎滿檔（尤其是外臺酬神的民戲），劇團的鐵三角演員：張秀琴（阿牛）、莊金梅、米雪，更是擁有廣大戲迷，成為票房的保證。秀琴歌劇團持續努力不懈的態度，也獲得學界及藝文界肯定，2001年起獲選為文建會（2012年升格為文化部）扶植團隊至今。2012年5月4至6日，在藝術總監及編劇王友輝教授的提挈之下，於國家戲劇院所推出的《安平追想曲》，更是締造臺灣現代劇場歌仔戲的另一新頁，該劇並榮獲國藝會「表演藝術追求卓越」專案的肯定，成為該計畫三屆以來首度入選的外臺戲班，關於此劇筆者曾撰有專文提到：「從劇本創作到音樂設計、舞臺設計，以及演員唱做，皆在水準之上，彼此分庭抗禮又相互融合，將傳統歌仔戲以演員為中心的表現方式，走向以導演為中心，甚至是以劇場為中心的境界。我們看到的不僅僅是秀琴個人風采的展現而已，而是看到整個歌仔戲製作團隊的合作與努力，交出了一張漂亮的成績單，成為精緻歌仔戲之另一佳作。」[10]《安平追想曲》之所以能獲得這麼多肯定，從劇本、音樂、導演到舞臺設計等，可說都是缺一不可的幕後功臣。尤其是一開始便以進入現代劇場（國家戲劇院）作為目標，表演團隊試圖放下外臺戲的運作方式與表演風格，在前置作業上即以「精緻歌仔戲」作為演出方向。[11]相較於2001年的《罪》，

10 楊馥菱：〈一曲傳唱，一劇搬演〉，《PAR 表演藝術》第234期（2012年6月），頁74-75。

11 劇團將《安平追想曲》定位為「現代歌仔新調」（見節目手冊），然而整部作品是完全符合曾師永義所提出的「精緻歌仔戲」。曾師認為「精緻歌仔戲」的內涵包括：要講求深刻不俗的主題思想、情節安排需緊湊明快、排場需醒目可觀、語言需肖似口吻機趣横生、音樂曲調講究多元豐富性、演員的技藝需精湛學養修為需精進等六大訴求。關於「精緻歌仔戲」，請參見曾師永義〈臺灣歌仔戲之

劇團的整體條件與製作團隊，顯然是較以往擁有更多的資源與更多創意的空間。如今，我們回過頭去審視秀琴的第一部現代劇場歌仔戲——《罪》，更可以看出劇團努力前進、精益求精的精神。

《罪》是「秀琴歌劇團」嘗試從外臺走入現代劇場的第一部作品，[12]編劇為劇團當家小旦莊金梅小姐。[13]事實上，《罪》原為外臺歌仔戲的夜戲劇目《贖罪塔》，故事原型取材自希臘悲劇《伊底帕斯王》，秀琴歌劇團在參加2001年傳統藝術中心所舉辦「百年傳唱歌仔情，歌仔戲群英大匯演」的外臺戲演出時，即以《罪》打響名號，此後並屢獲文建會（2012年升格為文化部）與國藝會補助，成為國家扶植團隊之一，就劇團的發展歷程而言，《罪》可說是相當具有指標性意義的作品。2001年11月17日，秀琴歌劇團由行政院文化建設委員會指導，臺北縣政府主辦，於臺北縣演藝廳演出《罪》。2006年1月14日，劇團再次將《罪》搬進了現代劇場，於臺北縣板橋文化中心演出。根據謝筱玫的觀察：「《罪》的故事承襲外臺版本的平鋪直敘，少了原著層層回溯過往的懸疑張力。這齣戲當

近況及其因應之道〉一文，收錄於《海峽兩岸歌仔戲學術研討會論文集》（臺北市：行政院文化建設委員會出版，1996年）。

12 《罪》原為劇團於2000年12月3、23日參加由國立傳統藝術中心籌備處主辦，臺南市九天壇、高雄縣茄萣鄉萬福宮協辦，所演出的新編大戲。2001年7月18日，秀琴歌劇團以《罪》一劇參加由國立傳統藝術中心主辦，明華園承辦的「百年傳唱歌仔情，歌仔戲群英大匯演」。2001年11月17日，秀琴歌劇團由行政院文化建設委員會指導，臺北縣政府主辦，於臺北縣演藝廳演出《罪》。《罪》可說是秀琴歌劇團正式進入現代劇場的第一齣歌仔戲作品。

13 莊金梅（1970～）臺中市人，出身於歌仔戲世家，父親為「珠玉鳳歌劇團」文場樂師，母親為該團小生。莊金梅為張秀琴姪女，自幼隨劇團演出，六歲即登臺表演，十五歲正式拜師莊秀珠習旦角，十八歲加入「秀琴歌劇團」，主攻旦角，以高亢柔美的唱腔博得「金嗓小旦」之譽。為「秀琴歌劇團」所編寫的劇本包括：《罪》、《燒餅皇帝》、《鍾馗傳奇》、《三春暉》、《血染情》。

初經過秀琴劇團修編，將原先即興揮灑的曲文固定下來。因此，這次的製作與五年前外臺匯演相較，在劇情結構、曲風唱腔方面，並沒有很大的更動。」[14]由此看來，《罪》是以外臺戲之姿進入現代劇場，除了將外臺演出定型化，在諸多表演上幾乎是原封不動。沿襲外臺匯演時的表演內容，秀琴劇團以跨文化編創作品作為進入現代劇場的投石問路之作，從外臺轉換至現代劇場已是一大挑戰，再加上移植西方經典作品所衍生的諸多改編問題，劇團勢必要面對更多的困難與挑戰。正所謂「劇本乃一劇之本」，影響一齣戲能否成敗的最重要因素正是劇本，而跨文化編創的作品由於牽涉到對於原著精神的繼承與融合，以及「標的文化」(target culture)與「原著文化」(source culture)之間的「調整」與「磨合」，其複雜性與困難度，更是讓劇本處於稍有不慎即荒腔走板的可能，徒增許多變異性。石光生教授於〈近來臺灣傳統戲曲的歐洲作品改編〉一文曾提到：

> 歌仔戲面對改編歐洲作品這種跨文化的詮釋時，委實需要深入思考原著與標的文化間的差異，釐清文化上的落差，並真正理解原劇的戲劇特質。首先必須面對這個問題的人，自然就是編劇了，因為劇本被翻譯／改編時，就已經是涉及到跨文化詮釋問題。是故，編劇完成的作品其實幾乎已經決定後續的劇場藝術呈現是否成功，即使導演、演員與其他藝術家再怎麼努力，也很難挽回錯誤的第一步。[15]

14 見謝筱玫：〈《罪》在何處？〉，《民生報》，2006年1月18日，A10文化風信。

15 見石光生：《跨文化劇場：傳播與詮釋》(臺北市：書林出版社，2008年)，頁123。

劇本承載著一齣戲成效的關鍵因素，其重要性不言而喻。為瞭解《罪》的藝術特質，及其在現代劇場歌仔戲的意義，更應以劇本的編創手法作為研究的首要，因而本文將以《罪》的劇本作為討論對象，深入爬梳、整理、比較改編本與原著的不同，改編本在擷取、轉化原著上，有何特色？又有哪些困境？以下將分別從主題思想上的罅隙及情節結構上的衍異作為思考角度，來分析比較原著《伊底帕斯王》與改編本《罪》的異同。[16]

第二節　主題思想之罅隙

在世界戲劇中，希臘悲劇可說是戲劇史上千古長青的典範，其中古希臘悲劇作家索發克里斯（Sophocles B.C.496-406）的《伊底帕斯王》（*Oedipus The King*）更是享有至高的評價。《伊底帕斯王》是索發克里斯於西元前427年根據希臘神話中伊底帕斯的故事所創作，為希臘悲劇的代表之作。亞里斯多德的《詩學》，稱譽《伊底帕斯王》是悲劇的典範；「新古典主義」視它為古典主義的經典，近代，黑格爾、尼采等哲學家，也多以它為理論的依據；心理學家佛洛依德的「伊底帕斯情結」，更是以之作為人格發展的引證；卡謬的《薛西弗斯神話》，也藉伊底帕斯來闡揚存在主義或荒謬主義的人生觀；文學理論中的結構人類學及語言學等等，也以本

16 本文所參考的版本如下：《伊底帕斯王》劇本是參考索發克里斯（Sophcles）原著，胡耀恆、胡宗文譯注：《伊底帕斯王》（臺北市：桂冠出版社，1998年）；黃毓秀譯：〈伊底帕斯王〉，收入於黃毓秀、曾珍珍合譯：《希臘悲劇》（臺北市：書林出版社，1984年），頁91-166。《罪》是參考2006年1月14日於臺北縣板橋文化中心演出的劇本與錄影版本，該劇本與演出錄影係由秀琴歌劇團所提供，在此特別致謝，更要感謝當時的劇團行政總監洪瓊芳老師的協助。

劇作為立論的基礎。[17]

美國戲劇學家布羅凱特（Oscar G.Brockett）在《世界戲劇藝術欣賞》一書中曾提到《伊底帕斯王》一劇的主題包含：1. 伊底帕斯自至高至尊的地位一墜而為一個逐客的經過，藉此闡明人類命運的多變性；2. 人對自己命運的主宰力有限，伊底帕斯是個無時無刻不想盡責行善的人，一心要幫助他的臣民，也採取了他認為必要的步驟，以避免神諭預言的厄運（弒父娶母）。不論他如何努力避免錯誤，人的所見畢竟有限。全劇並未解釋何以毀滅會降臨在伊底帕斯身上，這暗示著人必須向命運低頭，而且越是掙扎越是躲避厄運，越是會深陷不拔。[18]《伊底帕斯王》之所以為悲劇，並不是因他弒父娶母的人倫悲劇情節，也不是因為他從一位人生的巔峰（國王）而跌落人生谷底（殺人兇手）的戲劇性情節，全劇最為珍貴的主題在於伊底帕斯以他自由意志貫徹到所有的抉擇與行動，但卻仍然無法抵抗神諭，徒然暴露人生表象的虛妄。而伊底帕斯之所以成為英雄，不是因為他解答了人面獅身獸（Sphinx）的謎題，也不是因為他為了解決國內的瘟疫而努力追求真相，而是他不計一切代價追求真相後又義無反顧的承擔一切罪責。

早在1994年，裴豔玲河北梆子戲劇團所演出的《孽緣報》，即是嘗試將《伊底帕斯王》改編為中國戲曲。該劇以「中國的伊底帕斯」為標榜，融合京劇、崑劇與梆子的表演特色。全劇以「因果循環」及宿命觀處理了伊底帕斯所遭遇的悲劇，將人面獅身獸母題改

---

17 胡耀恆：〈千古不朽的悲劇：《伊底帕斯王》〉一文，收錄於索發克里斯（Sophcles）原著，胡耀恆、胡宗文譯注：《伊底帕斯王》，頁x。

18 布羅凱特著，胡耀恆譯：《世界戲劇藝術欣賞》（臺北市：志文出版社，1989年再版），頁108-109。

為妖孽，整部作品便以中國文化中的求神、除妖、果報、天命、顯靈等民間傳說來替換希臘悲劇中的人神關係。改編後的作品除了出現東西文化隔閡的窘況，連帶把最能體現希臘古典精神的知識份子的原型人物易容整形，成了因緣果報宿命觀的無辜受害者。[19]而同樣見樹不見林的移植改編，也發生在《罪》一劇中。《罪》捨棄伊底帕斯挑戰獅身人面獸（Sphinx）解救危城，以及調查瘟疫追求真相的英雄形象，為了單純移植弒父娶母情節，除了諸多荒誕情節的堆疊，在無法領略西方神諭文化以及悲劇英雄的意義下，也只能以因果宿命來自圓其說，不僅原著中的伊底帕斯的悲劇性格蕩然無存，英雄形象付諸闕如，關於人生虛妄的主題意義也無法烘托。

探究其因，在中西文化差異之下，無法體認西方神諭的文化，以至於宿命與超脫的生命觀思維無法獲得展現，《罪》只能轉向星象卜筮的算命之說，再輔以因果命理來重作新詮。劇本第二場：「天降麒麟本是喜，誰知喜中盡是悲。天意弄人誰願意，生下貴子不幸兒。」（頁5）一開始便點出命運捉弄的主題。同場，皇后（玉芙蓉）的大段抒情唱段，也可以看出：

> 蓉：（都馬調）皇兒啊！你出世了不對時，為何你那會予我生，為何你出世就帶了二支箭，一支要射金沙國，一支要射你的爹親。
> 芙蓉我就是不相信，國師講得這逼真。
> 甲你父王的夢境嘟好是相對，哪無相信又由不得人。
> 為何你出世就帶不幸，為何你出世就斷咱母子情。

---

19 呂健忠：〈戲曲舞臺上的伊底帕斯——從《孽緣報》看跨文化改編的困境〉，《中外文學》第24卷第6期（1995年11月），頁149-166。

為何蒼天你要奪走我子的性命，為何蒼天你對我子這不公平。

（都馬搖板）芙蓉抬頭要問天，母子無緣就要分開，無理無理太無理，問天問地又能問何人。（第二場，頁9-10）

再如第七場〈因果〉：「OS（新慢頭）：人有人倫照因果，天有天規法難逃，一切運命來創造，子殺親父世間無。」（頁33）以及：

蓉、天（都馬搖板）

天：天啊！

蓉：天啊！

日思夜夢親生兒，此情此景亂心扉，予我仙閃就閃袂離，子殺親父罪難辭。

天：（七字仔）

真相使我欲發狂，如此心痛苦難當，嚻天做事太懵懂，親手射死我父王。

千錯萬錯是我錯，可比拿刀割心槽。

蓉：難道一切是因果，你害你父王陰間受苦勞。

天：（白）母后，請你原諒我，請你原諒我……

蓉：為啥米……為啥米？當初將你送離開金沙國以為可以改變你父子的命運，是按怎、是按怎也是脫不過……君王，是我害你，是我害你……君王，你等我……（自盡）（頁42-43）

事實上，弒父並非是懵懂所造成，而是宿命與虛妄的人生，但對於這一切荒謬、可怕的真相，編劇藉芙蓉之口說出，也只能以因果說解釋所有的悲愴與淒涼。

西方文化中的神諭思想本非中國文化所能理解，從人神的角度來看，《伊底帕斯王》無非是在辯證阿波羅前後三次針對伊底帕斯發出的神諭，而伊底帕斯在第三個神諭的激勵之下，越是深入追查殺害拉伊俄斯（Laius）的兇手，就愈逼近前兩個神諭的真相，他所探究的過往也就越為清楚明朗。透過神諭與凡人的劇情描述，《伊底帕斯王》揭示了人生的快樂往往建築在幻覺之中的主題。胡耀恆於〈千古不朽的悲劇：伊底帕斯王〉一文中提到：

> 《伊底帕斯王》所展現的是天人之際的平衡，從整個故事裡，我們看到神的偉大：不論人如何企圖逃避，神的預言還是無法逃遁。從這裡，我們也看到宿命的陰霾：命運生來注定，人力無從更改。但是本劇的結構如此奇妙，以致在命運逆轉的同時，我們也體會到人的偉大和尊嚴。人誠然沒有能力改變命運，但，至少我們看到伊底帕斯，在這個諸事並起的一天裡，表現了他的智慧，足以勘破命運；他的道德，足以判斷命運。命運剝奪了伊底帕斯生命的憑藉與樂趣，但生命絲毫不能動搖他對這一切的珍惜。[20]

悲劇英雄往往是在越受挫的人生中表現出對生命的更加珍惜，在最後一幕中，伊底帕斯逐漸從驚嚇中醒轉過來，恢復他往日的信

20 胡耀恆：〈千古不朽的悲劇：《伊底帕斯王》〉，收錄於索發克里斯（Sophcles）原著，胡耀恆、胡宗文譯注：《伊底帕斯王》，頁 xxxviii。

心和尊嚴，他自覺再也不能也不願看到父母、子女和國人，而刺瞎自己的雙眼，也為自己的行為及遭遇解釋道：「我在這裡所做的一切都十分妥當，不要提出異議，也不要給我別的建議。即使我保有眼睛，在我死後進入地下的時候，我不知道該怎樣看視我的父親和可憐的母親，因為我對他倆所做的種種，即使遭到絞刑也是死有餘辜」；「因為我的厄運只有我自己承擔」；「有一點我很清楚。疾病和其他原因都毀滅不了我。若不是還有某種奇特的厄運，我不至於從死亡裡被人救活。好吧，我的命運要到哪裡，就隨它去吧。」。他不僅沒有怨懟，對於神諭給予的考驗與痛苦，他除了釋懷的接受，還給予生命更多肯定與尊重，因而在結尾時說道：「請賜給我活下去的機會，無論什麼地方，請讓我的生命好過我父親的生命」「不要企圖事事逞強作主，你以前作主的事，並未能終身不變」。[21]

反觀《罪》的結尾，卓嘯天明白自己的身世與鑄下的大錯後，試圖以死贖罪，但養父母卓雲霸與夏沐蓮勸他要考慮國家、妻子與孩子，更提出「生父母請一邊，養育功勞大如天」的觀念，要嘯天還是要善盡為人子女的責任。[22]卓嘯天最後以自己命格帶煞，讓劇情導向出走的必然性：

（環視眾人）父王母后我對不起恁，今仔日才知影我的身

21 以上引文部分，係參考索發克里斯（Sophcles）原著，胡耀恆、胡宗文譯注：《伊底帕斯王》，頁196、200、206、212、214。

22 第八場〈玉碎〉卓嘯天想以死來解決滿身罪惡的自己，夏沐蓮對卓嘯天說道：「嘯天，你要冷靜，你若死，枉費阮尪某辛苦扶養你長大成人，你若死，你放下金沙國甲多爾國啥米人要掌權，你若死，放玉鳳甲你的子要靠啥人……嘯天，古人說生父母請一邊，養育功勞大如天，阮尪某還需要你來有孝，甘不是？」（頁44）

> 世，可是這一切一切攏已經太慢了，既然我命中帶煞我已經害到我的親生父母，我不能擱害你們，這世人的養育之恩我無法報答恁，我想要用我的一生來贖罪，父王母后原諒我（跪下）（頁44）

在這段唸白之後，劇本以「嘯天脫下衣冠，隨著悽涼的音樂遠走……眾人目送……」作為全劇的結束。雖然與原著一樣，主角的不死與放逐，都是為了用餘生贖罪，但伊底帕斯選擇以刺瞎雙眼度過殘生，以謙卑的態度蟄伏於神的力量之下，卓嘯天則是因為親情人倫的勸說而選擇流放異鄉，前者多了再也無法面對任何人的悲慟，後者則是多了中國的親情人倫思想。

Edith Hamilton 在〈悲劇的理念〉（*The Idea of Tragedy*）一文中提到：

> 悲劇的要素之一是一顆能夠壯烈地感受事物的心靈，只要塑造出這樣的心靈，任何的災難都可能是悲劇的。……不該受的苦難本身不具悲劇性。死亡本身不具悲劇性，美人、青年、可人兒和愛人死亡都不是悲劇。若果死亡被像馬克白那樣的感受著、哀痛著，那就是悲劇。……能夠壯烈地受苦的靈魂所受的苦難——這，唯有這，才是悲劇。[23]

據此來審視《罪》，顯然對於「悲劇」的掌握是不足的（當然這也是傳統戲曲的共同現象），而《伊底帕斯王》中勘破命運格

23 Edith Hamilto, “*The Idea of Tragedy*”，收錄於劉毓秀、曾珍珍合譯：《希臘悲劇》，頁10-11。

局、體悟生命渺小，進而反思生命的宏觀哲思，也在改編移植的過程中未能充分闡述，因而改編之作在思想主題的哲學性上，與原著有了很大的落差。事實上，單純以死謝罪或者以親情力度作為整部作品的最後收束，不僅讓人看不到苦難與悲憫，原著中的悲劇性主題不僅削弱，原著中悲劇英雄的形象，也同樣無法展現。這雖然是中西思想背景不同所導致，但也是傳統戲曲在移植西方劇作時最常面臨的問題與難處。

第三節　情節結構之衍異

最早為「情節」一詞定義的亞里斯多德（Aristotle）即認為「情節」是悲劇的首要成分，有如「悲劇的靈魂」。《詩學》（*Poetics*）第六章明確說道：「情節是悲劇的根本，是悲劇的靈魂。性格的重要性占第二位」。[24]「情節」是「事件的安排或組織」，即經過布局的戲劇行動，《伊底帕斯王》的情節主要圍繞著兩個事件發展：一個是底比斯城邦的瘟疫；一個是伊底帕斯的弒父娶母預言（關於《伊底帕斯王》的劇情請參考本文附錄一）。關於前者，伊底帕斯王為解決瘟疫問題而向阿波羅神殿請求神諭，為查明真相，在神諭的指示下，伊底帕斯在抽絲剝繭的層層懸疑中，驚覺自己的身世與弒父娶母的事實，至此兩條同時並進的事件交纏為一，情節上的「突轉」（peripeteia）與「發現」（anagnorisis），[25]將

24 亞里斯多德（Aristotle）著，陳中梅譯：《詩學》（臺北市：商務印書館，2001年），頁65。

25 此處突轉（peripeteia）與發現（anagnorisis）係引用亞里斯多德於其《詩學》第6、10、11章中所提到觀念。

悲劇帶入高潮，創造出複雜情節。關於《伊底帕斯王》的情節結構，亞里斯多德在《詩學》中多次提到，《伊底帕斯王》的情節結構是由事件本身帶來發現，而發現的同時也與逆轉同時發生（11、15、16章）。而悲劇中最能引起情緒興味的元素就是情境的逆轉和發現的場景（6章、11章），因此一部完美的悲劇應該安排成複雜的情節而不是單純的（13章）。[26]

相較於《伊底帕斯王》，《罪》的情節結構單純許多（關於《罪》的劇情請參考本文附錄二），全劇以卓嘯天的身世為出發，採取單線式敘述，少了多事件的鋪敘與開展，情節的單一性讓作品缺乏戲劇張力。沒有西方神諭的背景，以及追查真相的動機，為解開卓嘯天身世之謎，編劇以龍鳳巾作為日後母子相認的重要線索，並據此證物以完成弒父娶母的情節。這種以記號或外在物件所帶來的突轉與發現（非由事件所帶來），無法帶來充沛的驚喜與張力，是戲劇最為通俗的安排，並屢見於歌仔戲的文本中。亞里斯多德認為以記號來發現的技法，包括天生或後天所造成的標記，或某種外在的表徵如項鍊之類，在藝術上是較弱較不具價值的（16、27章）。[27]

而原著中的另一事件：背負著弒父娶母的預言而逃離父母，亦是《伊底帕斯王》整部作品的重要元素。伊底帕斯因為害怕神諭成

---

26 亞里斯多德（Aristotle）著，劉效鵬譯：《詩學》（臺北市：五南出版社，2008年），頁76、102、112、128、129、138。

27 亞里斯多德認為最好的發現形式是與情境的逆轉同時發生，如《伊底帕斯》劇中的情形（11、15、16章）。從事件本身所帶來的發現最好，其次是由推理而來的發現，再其次為記憶所喚起的發現方式。如果是出自詩人任意發揮，則是藝術上的欠缺。最通俗的技法是由記號來發現，包括天生或後天所造成的標記，或某種外在的表徵如項鍊之類，這在藝術上則較弱。（16、27章）。

真而逃離養父母，為了使人民遠離厄難而挑戰獅身獸，甚至為了找出殺害國王的兇手而激怒先知。他可以說是個寂寞的悲劇英雄，將自己天性中的不安全感轉而寄託在自身的強大上，不因自己的殘缺而困頓，沒有自甘墮落，沒有放棄自己，反而在一個命定的強大壓力之下，努力脫逃神諭，他所做的種種努力，都讓他成了一個自傲的英雄。然而這部分性格在《罪》中則是完全不見，卓嘯天的生命格局不僅沒有背負原罪的枷鎖，在缺少悲劇英雄的條件之下，為了導向弒父娶母的必然結果，卓嘯天在劇中成了放任而為、肆意而行的一意孤行者，他為達目的不擇手段、逞兇好鬥、蠻橫無理，甚至還淪為一名登徒子。劇中以幾個事件來刻畫卓嘯天：先是以武力威脅逼親賽玉鳳，又好戰喜功殺敵兇殘，面對妻子冷嘲熱諷孤傲自視，最後又覬覦玉芙蓉的美色而意圖強暴。而這番蠻橫的作風與行徑，雖然劇末揭開身世謎底時，卓嘯天終於有了反省，並試圖以死來謝罪，[28]但人物性格的塑造與原著中伊底帕斯的形象可謂相距甚大，人物性格的削弱，影響所及則是整部作品悲劇性的不足。亞里斯多德在《詩學》第十三章，提到情節與性格對於悲劇效果的影響：

> 既然最完美的悲劇的結構應是複雜型、而不是簡單型的，既然情節所模仿的應是能引發恐懼和憐憫的事件（這是此種模仿特點），那麼，很明顯，首先，悲劇不應表現好人由順達之境轉入敗逆之境，因為這既不能引發恐懼，亦不能引發憐憫，倒是會使人產生反感。其次，不應表現壞人由敗逆之境

28 第八場〈玉碎〉卓嘯天說道：「父王，我有罪、我有罪，我親手射死我的父王，想要污辱我的母后，我是罪該萬死，我沒辦法原諒我自己，我是罪該萬死、我該死、我該死」。（頁43）。

> 轉入順達之境，因為這與悲劇精神背道而馳，在哪一點上都不符合悲劇的要求——既不能引起同情，也不能引發憐憫或恐懼。再者，不應表現極惡的人由順達之境轉入敗逆之境。此種安排可能引起同情，卻不能引發憐憫或恐懼，因為憐憫的對象是遭受了不該遭受之不幸的人，而恐懼的產生是因為遭受不幸者是和我們一樣的人。所以，此種構合不會引發憐憫或恐懼。介於上述兩種人之間還有另一種人，這些人不具十分的美德，也不是十分的公正，他們之所以遭受不幸，不是因為本身的罪惡或邪惡，而是因為犯了某種錯誤。這些人聲名顯赫，生活順達，如俄底浦斯、蘇厄斯忒斯和其他有類似家族背景的著名人物。[29]

據此而論，《罪》之所以無法精確的傳遞出原著的悲劇精神，與其戲劇情節結構和劇中人物形象的塑造及刻畫有很大的關聯。由於東西文化的隔閡，以及對於希臘悲劇的認知有限，編劇在套用伊底帕斯王故事時，或許是對於原著的陌生，或許是對於原著的反思，《罪》所安排的諸多情節看似是在為原著找尋「合理」的說法，為弒父娶母的悲劇找尋「合理」的解釋。改編本注入了父子相剋、因果輪迴、養父寵慣、[30]夫妻失和、[31]徐娘風韻猶存、[32]強暴母

29 亞里斯多德（Aristotle）著，陳中梅譯：《詩學》，頁97。

30 在第五場〈征服〉，賽玉龍親送妹妹到多爾國成親，請卓嘯天善待玉鳳而說道：「聽說王子真好強，我親身送妹入皇宮，希望改變性格與度量，夫妻合和較平常」，想不到卓雲霸竟回答：「（白）耶！舅仔，你講按呢就無對了。（七字仔）男兒應該是好勝，為伊改變是不可能，若沒一身好本領，怎能掌國管朝廷。」（頁28-29）卓雲霸縱容卓嘯天的好勝逞強，以至於卓嘯天像個被父母親寵壞的孩子。

親等情節，試圖來解讀、串聯「弒父娶母」的悲劇原型。這些堆疊的情節，僅能以表淺的故事內容、人物對話來帶過複雜的主題，不僅無法深刻演繹出原著的精神，甚至避開了深刻的哲學思辨與嚴肅的議題，如此一來陌生的西方思維，方便的轉化為一部社會人倫悲劇。

為加重親情的份量，編劇試圖重新演繹原著的部分內容。原著中，國王拉伊俄斯因為弒父娶母的預言而殘忍地將伊底帕斯去腳筋，並將他棄置荒郊，編劇對於這段情節，反倒安排了國王金憲鷹內心充滿對骨肉的不捨與救贖：

鷹：先叫國師（七字仔）
千刀萬割我無怨，犧牲皇兒真是冤，不甘將子來了斷，另想辦法恰周全。

國師：國王我知你有仁慈之心，就算你替小王子犧牲，但是咱金沙國有千千萬萬的百姓，國王你是君我是臣。要犧牲什麼人就由你自己去打算吧！

鷹：什麼！莫非這是天意，我要犧牲小我、完成大局，來人

31 第八場〈玉碎〉，賽玉鳳指責卓嘯天竟想染指年齡差距甚大的玉芙蓉，卓嘯天轉而責罵玉鳳：「我，我按怎，你家己想看覓，這一年來你甘有盡過你做某子的責任。自你嫁乎我的頭一天你著一直著怪我，你有講過你想欲改變我，可是你從來不曾去做，看到我就像看到冤仇人同款，賽玉鳳，不是無人會凍改變我，只是要改變我的人不是你這個冰山美人。」（頁37），編劇試圖以夫妻失和來合理解釋卓嘯天的脫序行為。

32 第八場〈玉碎〉，卓嘯天見到玉芙蓉後唱出：「面似嫦娥下重九，世上難見美嬌娘，蕙質蘭心世少有，如此佳人何處求，看伊迷人靜靜睡，肉白如玉紅嘴唇，莫非兩人有緣分，得到芙蓉女釵裙」（頁36）。編劇顯然有意以玉芙蓉仍然容貌年輕，來解釋卓嘯天與玉芙蓉年齡差距的問題。

呀……

蓉：且慢、且慢，君王，你不能這樣做，狼虎雖狠也不食子，命運是可以改變。

鷹：芙蓉，天下父母心會有如此的選擇也是萬不得已，我也跟你同款心如刀割，可是咱不能用金沙國所有子民的性命來跟它賭。（第二場，頁8）

雖然最終還是捨棄了孩子，但金憲鷹的掙扎與矛盾，稍為父子親情間的捨離找到了出口。而身為母親的痛苦與悲憤也在《罪》裡獲得發聲的機會：「為何你出世就帶不幸，為何你出世就斷咱母子情。為何蒼天你要奪走我子的性命，為何蒼天你對我子這不公平。（都馬搖板）芙蓉抬頭要問天，母子無緣就要分開，無理無理太無理，問天問地又能問何人。」（第二場，頁10）從這些親情骨肉的捨離出發，表現出編劇對於原著《伊底帕斯王》的反思，而這些抒情的渲染更像是對於原著的詰問。《罪》所加強的人倫親情比重，包括父親的不捨、母親的悲痛、養父母的恩情等人倫情感，反倒成為跨文化編創後的另一番衍異。

關於戲劇演出中編劇、劇中人與觀眾彼此的關係，王璦玲教授於〈論明清傳奇名作中「情境呈現」與「情節發展」之關聯性〉一文曾提到：「戲劇表演從來不把觀眾視為被動的接受者，而是當作自己的合作者。一方面充分估計著觀眾的生活經驗與心理感受，一方面企圖誘發觀眾所具有的心理經驗與欣賞經驗。透過觀眾想像、理解等心理活動的補充、豐富與支持，不僅劇中人、劇作家所共同創造、完成的客觀環境，同時也是觀眾主觀感受、參與與助成的舞臺氛圍。」[33]。編劇在為一齣戲量身打造的同時，勢必會充分考量觀眾的審美趣味與生活經驗，而觀眾的審美趣味及生活經驗，正是反映出其所具有的文化背景，因此劇中人物的思想性格與人生際遇，若能與觀眾的文化背景相近似，則更能激發喚起觀眾的共鳴與情感。這其中或許牽動到觀眾反應所帶來的戲劇效果，進而在文本上投其所好，倘若再將演出情境的氛圍與劇場環境也一併考量進去，則所牽動出的問題又將更複雜。

《罪》脫胎於外臺夜戲《贖罪塔》，情節事件的設計自是難脫離夜戲的表演特質[34]，演出氛圍與情境也以外臺環境及觀眾趣味為依歸。歌仔戲的外臺演出習於建構一個個情節段落，在舞臺上直接以「表演」來說故事，並直接獲得現場觀眾的反應與回饋，以完成戲劇演出。因此，雖然《罪》一劇在劇情上無法深刻演繹出原著的精神，甚至避開了深刻的哲學思辨與嚴肅的議題，但這些堆疊的情節、表淺的故事內容，以及直白的人物對話，卻是讓外臺戲觀眾更能直接、快速入戲的元素。舉例而言，在臺北歌仔戲界享有聲譽的編劇家「木耳」，[35]他曾創作許多外臺胡撇仔戲，作品呈現多樣面貌，除了將昔日的內臺戲加以改編，還將日本電影《黃金孔雀城》改編成《神州天馬俠》，港劇《神雕俠侶》改編成《天長地久》，電影、新劇、電視連續劇、港劇、漫畫都成為他創作的來源。[36]其中

33 王璦玲：〈論明清傳奇名作中「情境呈現」與「情節發展」之關聯性〉，《中國文哲研究集刊》第4期（1994年3月），頁561。

34 外臺演出的歌仔戲，日戲多以酬神為目的，尚能遵照古冊戲演出，夜戲則以商業演出為導向，藉荒誕離奇、驚險刺激、懸疑迭起的劇情以吸引觀眾。

35 「木耳」本名嚴珠紅，由內臺轉戰外臺的演員，曾為「福聲歌仔戲團」、「新菊聲歌劇團」、「麗麗歌劇團」、「翔鈴歌劇團」等劇團編劇。

36 謝筱玫：《臺北地區外臺歌仔戲「胡撇仔」劇目研究》，臺灣大學戲劇研究所碩士論文，2000年，頁51-52。

雖然也包含跨文化的移植改編，但由於轉換靈活、戲路寬廣，相當受到外臺觀眾的喜愛，成為臺北歌仔戲外臺戲的重要講戲先生。觀眾的審美趣味是直接影響劇情屬性、劇情類型與說戲方式的最直接反映。《罪》一開始便是以外臺戲作為訴求，創作的取向難免會以簡白露古的敘事方式來演出，再加上對於西方文化的部分想像與有限認知，因而僅僅擷取部分情節加以套用，也就成為可以理解的改編方式了。

第四節　結語

外臺歌仔戲團以演員為中心的演藝風格在進入現代劇場之後嘗試改換為以導演為中心，以迎合劇場的操作方式，勢必會有一些難以順利轉換的尷尬發生。倘若再加上劇本本身已經存在著跨文化的文化隔閡，在演出形式、舞臺空間、劇本演繹、腳色行當等多方層層考驗之下，整體演出難免失之平衡。《罪》從外臺轉入現代劇場，其整體演出猶是以演員為中心的外臺戲風格，甚至可說是外臺演出風格的劇場化，雖有柯銘峰文場的音樂設計（2006年版本），讓背景音樂與人物情緒充分結合，但演員的表現方式與劇情陳述、演繹方式猶是外臺戲風貌，舞臺設計沿用外臺布景，現代劇場的舞臺技術運用極少，劇本沿襲外臺戲習以為常的搬演方式，透過演員的唱念來「說戲」，在戲劇意象上較少著墨處理，因而抒情性稍顯不足。再加上改編自希臘悲劇之代表作《伊底帕斯王》，又是另一項高難度挑戰，在中西文化差異與戲劇本質不同的情況下，要能深入人物內蘊情感並保有哲學思辯，更是難上加難的任務。

《罪》一劇的編劇者莊金梅小姐，長年於外臺演出，「做活戲」的演出經驗早已練就出豐沛的即興表演功力，反應在整體戲劇效果的自覺上，她應是更能將演出的成效與導向瞭然於胸臆，對於觀眾的視覺經驗與觀戲習性是比一般案頭編劇家更有敏銳的觀察。然而，從外臺戲轉化為現代劇場演出，由於劇場環境的不同以及觀眾看戲的氛圍不同，勢必要考慮外臺戲故事情節的俗套能否適合現代劇場的問題。尤其又牽涉到跨文化的改編，更是不可規避西方文化及哲學的思想背景，以免產生作品思想主題上的罅隙與斷裂。

《罪》在改編上面臨最大的問題應該是嚴重的文化（宗教）隔閡，因為中西方的差異，讓《伊底帕斯王》的哲學精神無法深化到《罪》的戲劇主題中。《伊底帕斯王》之所以成為悲劇並不是他弒父娶母此一行徑的荒謬與悲涼，而是在於他的意志貫串了他的行動與決定，但卻仍無法逃脫命運的安排與人生的虛妄，而他不計一切代價願意承擔一切責任的態度亦是此一悲劇的可貴之處。然而這部分的深刻主題與人物形象的描述顯然並未在《罪》中表現出來。改編本注入了父子相剋、因果輪迴、養父寵慣、夫妻失和、徐娘風韻猶存、意圖強暴母親等情節，試圖來解讀、串聯「弒父娶母」的悲劇原型。這些堆疊的情節，僅能以表淺的故事內容、人物對話來帶過複雜的主題，不僅無法深刻演繹出原著的精神，甚至避開了深刻的哲學思辨與嚴肅的議題，如此一來陌生的西方思維，方便的轉化為一部社會人倫悲劇。而《罪》所加強的人倫親情比重，包括父親的不捨、母親的悲痛、養父母的恩情等人倫情感，反倒成為跨文化編創後的另一番衍異，表現出編劇對於原著《伊底帕斯王》的反思與詰問。片段的改編容易造成全劇意義的不連貫，生硬套入的情節，不過是避免了文化上的衝突與碰撞。將陌生或不能理解的內容改成熟悉或合理，其實正凸顯出改編本的侷限與狹隘。主題思想上的罅隙與情節結構上的衍異，在在都說明跨文化異質元素碰撞後的種種問題。

若以帕維斯的跨文化戲劇理論來審視《罪》，也可以看出從「原著文化」（source culture）轉移到「標的文化」（target culture）上，彼此之間容易發生的「罅隙」與「衍異」。關於「跨文化劇場」作品改編，帕維斯曾舉出五種典型案例：1. 否定原文化的標記（Denial of Cultural Anchoring）、2. 融合（Rapprochement）、3. 吸引、模仿、交換（Seduction, Imitation, Exchange）、4. 背離後的重生或創造性的曲解（Renewed Betrayal or Productive Misinterpertation）、5. 挪用（Appropriation）。[37]據此來看，《罪》的改編，符合第一、四、五項的改編現象，有否定原著文化標記、背離後的重生或創造性的曲解以及挪用的情形。

雖然改編希臘悲劇《伊底帕斯王》的難度頗高，我們仍不能不重提改編西方經典若只停留在「遺形不遺神」或「挪用題材」的階段，而未能深刻挖掘主題旨趣與人性哲思，其改編意義將何在的老問題。王安祈教授在90年代便已指出，戲曲演繹世界經典的意義包括有：1.深化人性啟迪哲思以補強戲曲原本的抒情性；2. 古典劇作中永恆人性與當前經驗的交互指涉；3. 藉由陌生西化的題材刺激轉換表演模式。[38]以這三項意義盱衡戲曲跨文化作品，不難看出跨文化編創上的意義與難處，其中「深化人性啟迪哲思以補強戲曲原本的抒情性」尤其是戲曲跨文化改編時最難克服的問題。

---

37 Partice Pavis, *The intercultural Performance Reader*. (London; New York: Routlege, 1996), pp. 10-11.

38 王安祈：〈竹林中的探險——觀《羅生門》戲曲演出〉，《PAR 表演藝術》第67期（1998年7月），頁75。

引進世界經典最重要的意義應當是在人性複雜面的深度詮釋與反思，一旦改編本未能在心理動機上作足交代，很容易就成了劇情上的漏洞。原著對人性深度的探索已經獲得定評，歌仔戲版能不能在此基礎上讓戲曲中的人性塑造更顯深邃，應該是根本問題。關於戲曲跨文化的困難與得失，筆者於〈歌仔戲的跨文化編創──談梨園天神的兩次創作〉一文中曾提到：

> 審視臺灣戲曲界跨文化編創的困難與得失，我們不難發現臺灣戲曲的現代化，讓戲曲增添了許多新的元素，也讓戲曲界變得更加活躍多元。只是在轉變的同時，或許也需要考慮很多方向，比方東西文化的差異、原著劇本與改編本的平衡、劇種的特殊性等等，這樣才不會讓觀眾難以適應。所謂成功的改編，應當是新意與舊意的完美調和，改編作品必須對原著作品的人物特質以及處境作微調，以求賦予劇情新的角度及意涵。傳統與現代並非徑渭分明的界線，而是相容相承的依附關係，現代由傳統而生，傳統因現代而進化，改編西方經典實也並非一味的借鏡西方以破除傳統戲曲的程式，而是期盼東西文化的衝突、撞擊、吸收與再融合的過程，能夠回歸審視自身藝術的價值，以釋出更大的藝術能量。[39]

戲曲跨文化之後勢必要面對東西文化差異的調和、原著本與改編本之間的平衡、中西劇種特殊性的認識與掌握，若能讓新意與舊

39 楊馥菱：〈歌仔戲的跨文化編創──談梨園天神的兩次創作〉，收錄於《2011跨越與實踐：戲曲表演藝術學術論文集》（臺北市：文津，2011年6月），頁55-56。

意之間有著完美調和，則是跨文化編創上最大的收獲與意義。相反的，如果仿效的結果只是停留在表淺的沾染與部分情節的套用，以至於西方經典中的理性思維、哲學思辨並未能充實歌仔戲內涵，改編移植的過程中也未能從西方戲劇的底層中汲取精華，如此一來反而失去改編意義，跨文化編創也容易淪為劇團「西化」的時髦噱頭而已。倘若劇團能以此為鑑，該劇再經過修編與調整，透過劇團的幾位實力派演員加以詮釋，必能讓此劇更上層樓。

附錄一　《伊底帕斯王》(*Oedipus The King*)之劇情大要

參考：索發克里斯(Sophcles)原著，胡耀恆、胡宗文譯注：《伊底帕斯王》；黃毓秀譯：〈伊底帕斯王〉，收入於黃毓秀、曾珍珍合譯：《希臘悲劇》，頁91-166。

伊底帕斯(Oedipus)是希臘神話中底比斯的國王，是國王拉伊俄斯和王后伊俄卡斯忒的兒子。拉伊俄斯(Laius)年輕時曾經劫走國王珀羅普斯(Pelops)的兒子克律西波(Chrysippus)，因此遭到詛咒。他的兒子伊底帕斯出生時，即被神諭預言他將會被兒子所殺死，為了逃避命運，拉伊俄斯刺穿了新生兒的腳踝(oidipous在希臘文的意思即為「腫脹的腳」)，並將他丟棄在野外等死。然而奉命執行的牧人心生憐憫，偷偷將嬰兒轉送給科林斯(Corinth)的國王波呂波斯(Polybus)，由他們當作親生兒子般地扶養長大。伊底帕斯在哥林斯宮中長大，從未懷疑自己的身世。在一次的宮中宴會中，席中有人不經意的說出，他不是國王夫婦親生的兒子。伊底帕斯非常困擾，每次問及國王，國王都是支吾以對，對自己身世之謎所帶來的痛苦日益加深，於是決定前往德爾斐(Delphi)神殿求援，以確定自己的身分。神諭沒有回答他問題，卻告訴他一個可怕的消息，他會弒父娶母。為避免神諭成真，伊底帕斯離開科林斯並發誓永遠不再回來。伊底帕斯流浪到忒拜附近，在一個叉路上與一群陌生人發生衝突，失手殺了人，其中正包括了他的親生父親。當時的底比斯正被獅身人面獸史芬克斯(Sphinx)所困，路過的人若無法解答史芬克斯所出的謎題，便遭撕裂吞食。底比斯城為了脫困，宣佈只要誰能解開謎題，便可獲得王位並娶國王的遺孀伊俄卡斯忒為妻。伊底帕斯解開了史芬克斯的謎題，解救了底比斯，因而繼承了王位，並在不知情的情況下娶了自己的親生母親為妻，且生了兩女兩子。後來，統治下的底比斯不斷有災禍與瘟疫，伊底帕斯想要知道為何會降下災禍，因而向阿波羅神殿請求神諭。依據阿波羅神諭表示，瘟疫的起因是因為前國王拉伊俄斯沉冤未昭，以致天神宙斯、日神阿波羅都為之震怒，要解除瘟疫就得找出兇手。最後在先知提瑞西阿斯（Tiresias）的揭示下，伊底帕斯才知道他是拉伊俄斯的兒子，終究應驗了他殺父娶母的不幸命運。震驚不已的伊俄卡斯忒羞愧地上吊自殺，而同樣悲憤不已的伊底帕斯，則刺瞎了自己的雙眼。

附錄二　《罪》之劇情大要

（該內容係筆者根據2006年1月14日，秀琴歌劇團於板橋縣立文化中心的現場演出錄影資料及文字劇本所整理）

場次	場景	劇情大要
第一場〈驚夢〉	金沙城國	金沙國與多爾國對峙，金沙國國王金憲鷹為救副將，擋駕受傷。軍隊退進城內。
	御書房	御書房中金憲鷹夢見自己被一少年以箭取命。醒來後國師解夢，斷言此乃煞星墜落金沙國，此時王妃正產下一兒。
第二場〈天箭〉	後宮房間	國師為皇子算命，算出父子相剋的命運，王子命中帶兩支箭，一隻射向金沙國，另一隻射向國王。國師力勸國王賜死王子，以保全國家。國王與王妃聞言後，悲傷不已。為了國家子民著想，國王無奈決定殺死王子，王妃芙蓉與侍女彩霞不捨孩子，彩霞偷偷將王子帶離國。芙蓉在龍鳳巾上血書「天」字，放入襁褓中，以便日後母子相認。
第三場〈織戀〉	山景	多爾國王子卓嘯天於郊外射雁，巧遇小城鎮城主的小妹賽玉鳳，兩人一見傾心，但玉鳳在得知眼前的俊男兒就是以好強爭勝出名的卓嘯天，斷然拒絕求親。
第四場〈宿命〉	小城鎮廳堂	卓嘯天威脅小城鎮城主賽玉龍將玉鳳許配給他，否則將血洗小城鎮。玉鳳為顧全大局，解救小城鎮，無奈嫁予卓嘯天。
第五場〈征服〉	多爾國金殿	卓嘯天迎娶賽玉鳳，賽玉龍憂心卓嘯天的脾氣，多爾國國王卓雲霸反倒肯定卓嘯天的好強好勝，卓嘯天藉機誇下海口將奪取金沙國。

場次	場景	劇情大要
第六場〈思子〉	花園	玉芙蓉嘆喟母子的分離，十八年來思念生死未卜的孩子，與金憲鷹雖膝下無子卻也鶼鰈情深。金憲鷹待她一如往昔。
第七場〈因果〉	城景、山景	卓嘯天攻打金沙國，金憲鷹放鏢射中卓嘯天手腕。卓嘯天擒拿金憲鷹再以箭將之射死。
	幕前	賽玉鳳雖為卓嘯天生下一子，但未能得到嘯天真愛，而抑鬱寡歡。萍兒匆忙報信，卓嘯天將前來獻降的金沙國王妃帶去後宮。
第八場〈玉碎〉	王子房間	卓嘯天垂涎芙蓉美色，企圖強暴，玉鳳與萍兒適時趕到。玉鳳數落卓嘯天的不是，反倒引來嘯天的羞辱，玉鳳羞愧痛苦離去。嘯天再次意圖強佔芙蓉，芙蓉掙扎之下，從嘯天身上扯出龍鳳巾，質問從何而來。正巧卓雲霸、夏沐連前來規勸，芙蓉道出當年往事，說出龍鳳巾的秘密，卓雲霸坦承嘯天非親生子。嘯天聞言擎天霹靂，明白自己所鑄下的大錯，芙蓉回想當初送走孩子，以至於發生弒父事件，深覺內疚，便自我了盡。而嘯天在知道了自己帶煞的命格後，決定放下多爾國繼承權，獨自遠走，用一生來贖罪。

第四章
從西方浮士德到東方狂魂
──戲曲跨文化編創之文本比較研究*

第一節　前言

《浮士德》與荷馬的史詩、但丁的《神曲》、莎士比亞的《哈姆雷特》並列齊名，同為歐洲的四大名著。荷馬、但丁、莎士比亞、歌德是西方最偉大的四位詩人，他們分別為西洋上古、中世紀、近世紀以及現代四個時期的詩人代表。卓越的詩文是人生的借鏡，偉大的詩人以他們各時代的觀點來體驗、洞察、表現人生，歌德尤其能夠展現此一特性。他的代表作《浮士德》在他二十歲便已開始構思，到了八十歲才得以完成，貫通全書的精神是嚴肅認真地去追求關於人類生存的意義。《浮士德》是歌德畢生的偉大作品，也是世界文學史上不朽的名著之一。

十九世紀法國德拉克洛瓦（Ferdinand Delacroix）的繪畫，法國作曲家白遼士（Hector Berlioz）的樂劇《浮士德之沈淪》（The Damn-ation of Faustus, 1846），古諾（Charles Gunod）的歌劇《浮士德》（Faust, 1859），義大利伯伊托（Arrigo Boito）的歌劇《麥非

* 本文初稿〈從西方浮士德到東方狂魂──跨文化編創之文本比較研究〉，宣讀於臺北市立教育大學「儒學與語文學術研討會」（2012年11月12日），刊載於臺北市立教育大學人文藝術學院儒學中心《儒學研究論叢》，第五期（2012年12月）。今重新修正收入本書。

斯多斐勒》(Mefistofele, 1868),以及李斯特(Franz Liszt)的《浮士德交響曲》(Faust Symphony, 1857),都以浮士德為中心題材,發揮了極致的藝術境界。

二十世紀以來有關浮士德劇本精神及其相關問題的探討,包括來源、作者、版本等,已經形成百家爭鳴的局面,其題材不僅受到若干國際導演的青睞,[1]近年來在英美,甚至德國等地的實驗劇場更是演出頻繁,無論從戲劇文學或舞臺呈現的角度來看,《浮士德》都是一部劃時代巨著。歐陸知名的義大利導演史催勒(G. Strehler)曾花費五年時間(1987-1992)籌劃,最後於米蘭,以半讀半演方式推出全本《浮士德》。而千禧年歐陸劇壇的盛事,即是德國導演彼德史壇(Peter Stein)在漢諾威「萬國博覽會」上演全本的浮士德,共計全長22小時,製作費高達三千萬馬克。[2]浮士德之重要性由此可見。

臺灣劇場以浮士德作為題材的重要演出當推2003年12月31日至2004年1月2日,由鴻鴻導演、簡文彬指揮、國家交響樂團製作演出的《浮士德的天譴》,這次演出不但與國際上紀念白遼士兩百週年的活動相呼應,也將西方浮士德的故事耕耘於臺灣音樂藝術界。此外,2017年9月8-9日,「當代傳奇劇場」推出《浮士德》,林秀偉編

1 其中較有名的有:1992年導演穆瑙(F.W.Murnau)拍攝德國16mm影片《浮士德》;1994年導演占.思凡克梅耶(Jan Svankmajer)執導的《浮士德》,獲1994年卡羅維瓦力影展評審團特別獎、1995年葡萄牙奇幻影展最佳特效、1995年捷克影評人最佳動畫、1995年捷克金獅獎最佳男主角、音效、設計貢獻等獎;2011年俄羅斯導演亞歷山大.索科洛夫(Aleksandr Sokurov),根據《浮士德》拍成同名德語電影,獲得第六十八屆威尼斯電影節最佳影片金獅獎。

2 參見楊莉莉:〈歷盡宇宙乾坤之作——談《浮士德的天譴》的舞臺演出〉,收錄於《白遼士:浮士德的天譴》(臺北市:麥田出版社,2003年),頁36。

劇，並請來德國克里斯托夫・萊普奇（Christoph Lepschy）為戲劇顧問，共同打造以詩歌、戲劇為主體，加入大量舞蹈以表達抽象意涵，呈現出現實與虛幻交錯的舞臺氛圍。

2011年12月17至18日，「一心戲劇團」於臺北城市舞臺推出《狂魂》，該劇改編自西方浮士德，是傳統戲曲與西方文學作品的對話與接軌。據編劇孫富叡表示，該劇是以馬婁的《浮士德博士悲劇史》作為改編的依據，再吸收歌德的詩劇《浮士德》之部分情節內容而加以編創。臺灣本土劇種企圖挑戰此一名著，將西方經典文學移植於臺灣本土色彩濃厚的歌仔戲劇種，可說是一次高難度的嘗試與挑戰。對於一部舉世皆知的故事進行改編，無可避免的是文化隔閡的克服與主題思想的掌握，《狂魂》的深度與向度能否適合劇種本身，能否契合臺灣觀眾的審美趣味，這在臺灣劇場史上是相當值得大家留心與關注的。編劇究竟如何將這兩部作品加以擷取並消化，以成為本土劇種的新思維新題材，更是值得予以討論。當西方的《浮士德》改編為東方的《狂魂》，究竟會激盪出什麼樣的火花，著實令人期待。

為了對於《狂魂》進行深入的分析，需先就其本事根源加以探究。《狂魂》的故事內涵究竟承襲自馬婁版本的哪些情節？又汲取了歌德版本的哪些內容？為了能夠精準爬梳這其中的承襲與衍異，而不淪為表淺的討論，筆者認為精讀文本是有其必要的，因而將對於馬婁、歌德及孫富叡三個版本詳盡介紹與分析。本文將先就浮士德故事之淵源與相關作品加以介紹，接著再就浮士德（馬婁及歌德兩個版本）與《狂魂》之文本內容加以分析，根據分析內容進一步探討編創的部分，據此以窺探《狂魂》改編後所承襲與創新之處。本文著眼於文本情節上的比較，將馬婁的《浮士德博士悲劇史》、歌德的《浮士德》，以及孫富叡的《狂魂》三個版本之情節結構進行比較與分析，並爬梳《狂魂》的情節關目分別是擷取原著的那些部分，承襲了各版本的那些情節。至於原著與改編本彼此之間在主題思想蘊涵與人物形象塑造上的比較與異同，由於牽涉到更複雜的層面，筆者另有〈一心歌仔戲《狂魂》改編浮士德之書寫策略探討〉專文予以討論。[3]

第二節　浮士德故事之淵源與相關作品

關於人們會為了一償宿願，不惜向魔鬼出賣靈魂作為交換條件的這類故事，早於基督教紀元前已傳誦於民間。據說，浮士德是確有其人的，他名約翰，德國人，生卒大約於1480至1540年間。浮士德因用巫術來招魂問卜，生性放浪不羈，並胡作非為而聲名狼藉，最後死於非命，而且死狀甚慘。他的事蹟經過坊間流傳，逐漸成為家喻戶曉的傳奇故事，自中世紀以來就以故事書、木偶戲等形式在民間流傳著。1957年，法蘭克福出版商史皮斯（Johann Spies）取得沃爾芬畢托手稿本（*Wolfenbuttel Manuscript*），全書分為三部分63章，同年印行。1958年前後有人寫了一本名叫《浮士德傳》（*Historia von D.Iohann Fausten*）的德文小說，書中整合了六十多年來的浮士德故事，收錄許多離奇怪誕之事，混淆史實與傳說，目前這部《浮士德傳》原書已散佚。至1600年前后《浮士德傳》這部德文小說已譯成英、丹、荷、法等多國文字，成為當時首部跨國的

3　楊馥菱：〈一心歌仔戲《狂魂》改編浮士德之書寫策略探討〉，《戲曲學報》第十九期（2018年12月）。

暢銷書。[4]英國十六世紀戲劇家馬婁（Christopher Marlowe, 1564-1593）便以《浮士德傳》為藍本，創作了《浮士德博士悲劇史》（*The Tragedy of Dr. Faust*），這部作品強調了浮士德將靈魂出賣給魔鬼以換取知識和權力，為傳奇故事增添了豐富的想像。馬婁的作品上演後，立刻風靡了歐洲，十六世紀末至十七世紀初盛行一時，許多模仿及改編之作隨之出現，並演化成無數不同版本的劇情。十七世紀中以後粗製濫造的改編本大行其道，悲劇精神已不見，猶如鬧劇般嬉笑於劇場上。

馬婁（Marlowe, 1564-1593）比莎士比亞（1564-1616）稍長兩個月，卻早夭，年未及三十歲。《浮士德博士悲劇史》於1587年動筆，1592年完成，為作者四部劇本的第三部，也是英國伊利莎白時代（1530-1640）最具影響力的作品之一。《浮士德博士悲劇史》內容描敘路德教派學者浮士德憑藉魔術，與魔鬼進行交易，享有二十四年可以隨心所欲的無限能力。最後，這位積極進取的浮士德博士，不甘心約定期滿，其軀體與靈魂同時落得任由魔鬼帶往地獄的悲劇。在德國，第一位討論浮士德這主題的文學家是戈特霍爾德・埃佛拉伊姆・萊辛（Gotthold Ephraim Lessing, 1729-1781），他倡導救贖的意念，認為浮士德可以透過悔改而免遭天譴。歌德（Geothe, 1749-1832）更將這意念發揮得淋漓盡致，歌德創作浮士德起稿於1773年前後，全文完成是在1831年，整部作品歷時近六十星霜。歌德把自己所寫的《浮士德》稱之為悲劇，但卻沒有悲劇的結尾（浮士德的靈魂最後由天使帶上天堂）。整部作品由對話或獨白的形式寫成，故事有點戲劇的樣子，但無論對白或獨白，處處是

4　參考馬婁著，張靜二譯：《浮士德博士：The Tragicall Hiftorie of the Life and Death of Doctor Fauftus》〈導讀〉（臺北市：聯經出版社，2001年），頁xxi-xxii。

抒情與沉思的長篇詩句，比較是像吟誦閱讀用的，因而整部作品猶如「詩劇」。

歌德花費近一甲子心力所完成的《浮士德》，不只在文壇造成震撼，甚至還啟發後代藝術創作的豐富靈感。光是在音樂領域，至少就有古諾的歌劇《浮士德》、博伊托的歌劇《梅菲斯特》、白遼士的戲劇傳奇《浮士德的天譴》、李斯特的《浮士德交響曲》與《梅菲斯特的圓舞曲》、華格納的《浮士德序曲》、馬勒《第八號交響曲》的第二部分、以及舒伯特的藝術歌曲《紡車邊的葛蕾卿》等。[5]其中義大利作家博伊托（Boito）創作的《梅菲斯托》（Mefistofele）是勇於嘗試之作，力求涵蓋歌德劇作中第一及第二兩部分，但因為了盡力接近原著的精神，致使歌劇的第一稿過於冗長而導致失敗；白遼士（Berlioz）的《浮士德的天譴》（La Damnation）更是更動部分原著情節，衍生為四部八場二十景的戲劇，表現了嶄新的詮釋角度。

不過，最受觀眾歡迎，經常在世界各地上演的作品，可說是法國作曲家古諾（Gounod, 1818-1893）於1859年3月19日在巴黎抒情劇院（The-atre）首演的《浮士德》歌劇。古諾在1856年將這題材首次推薦給作詞家巴比埃與卡雷。兩人覺得以歌劇傳達歌德巨著的深奧哲學玄思，顯然並不適合，故而將創作集中於詩劇的第一部分，以浪漫的情節為歌劇主調。這部歌劇於1858年8月完成，以「喜歌劇」形式舖排，在詠嘆調及合唱之間附加對白。在首輪三十七場的成功演出之後，古諾將作品改為法國「大歌劇」體裁，以樂隊伴奏的詠嘆調取代對白，又添上色彩繽紛的芭蕾舞曲以迎合上流

---

5 參考邢子青：〈上帝與撒旦的賭局〉，收錄於《白遼士：浮士德的天譴》（臺北市：麥田出版社，2003年），頁49。

社會觀眾口味。[6]《浮士德》在巴黎受歡迎的程度，沒有任何其他歌劇可望其項背。1887年，就在古諾六十九歲那年，這齣歌劇已慶祝第五百場上演，八年後又慶祝第一千場。到了二十世紀末，單是在巴黎演出的場次已逾三千。在維也納、倫敦及紐約受歡迎的程度，亦與巴黎不相上下，紐約大都會歌劇院更是喜歡用《浮士德》作劇季開鑼之劇目。

綜上所述，我們可以知道浮士德在西方是相當重要的作品，不論是在文學、戲劇或音樂領域，其藝術地位與價值都是具有崇高歷史意義與文化價值的。

第三節　《浮士德博士悲劇史》、《浮士德》與《狂魂》之文本分析

承上所述，浮士德故事的演變與發展，事實上也因創作者的不同，而有不同的面貌與情節。「一心戲劇團」挑戰這齣在西方具有相當高藝術水準的經典名著，自是有其價值與意義。關於「一心戲劇團」創作《狂魂》的緣起，於演出節目手冊上有清楚的說明：

> 一心戲劇團參與臺北市社會教育館「2011城市舞臺戲劇類創作徵選」獲選，將取材自西方文學名著《浮士德》改編為歌仔戲《狂魂》。本劇以馬婁所著之《浮士德博士悲劇史》內涵精義作跨文化改編藍本，同時結合德國作家歌德所著的詩

6　參考盧景文：〈浮士德：傳說、文學與歌劇〉（http://jocelyn-maria-ma.xanga.com/291810826/item/）。筆者檢索時間為2012年6月30日。

歌戲劇《浮士德》之部分情節進行改編。[7]

據其所言，《狂魂》是以馬婁的《浮士德博士悲劇史》作為改編的依據，再吸收歌德的《浮士德》之部分情節內容。事實上馬婁與歌德這兩部作品，在內容情節與主題思想上，已有諸多差距，所欲傳達的旨趣與內涵亦大相逕庭。《狂魂》的故事內涵究竟承襲自馬婁版本的哪些情節內容？又吸收了歌德版本的哪些部分？為釐清這三者的關係，以下先就馬婁的《浮士德博士悲劇史》加以介紹，再對於歌德的《浮士德》進行解析，最後是《狂魂》的布局安排與情節結構的探討。

一　馬婁的《浮士德博士悲劇史》[8]

該劇共分為四幕，第一幕分為四景，第二幕分為三景，第三幕分為二景，第四幕分為二景。劇中的浮士德已經對於知識感到懷疑與厭倦，馬婁形容浮士德是「腦中再也容不下任何事物，哲學暨腐臭又迂拙；法律和醫學只適合庸才的腦袋；神學又較這三者鄙陋、

7 參見《狂魂》節目手冊，2011年12月17日至18日演出版本。

8 馬婁的《浮士德博士悲劇史》現存1604年和1616年兩個版本。本文所引用的馬婁《浮士德博士悲劇史》劇本部分，是依據郭錦秀：《馬婁浮士德博士悲劇史之翻譯及其內文暨當代重要演出研究》（臺北市：臺灣大學戲劇研究所碩士論文，1997年6月），第二部分「浮士德博士悲劇史（A版）之翻譯」，而郭文即是根據1604年之版本所做的整理。據郭文於譯後附記表示，1604年版本對於人性尊嚴有較多的尊重和深入的探討，1616年版本則是內文較長，在舞臺視覺效果上較1604年略勝一籌，包括各種舞臺設備的運用以及浮士德有較多機會展現魔法，基於1604年版本的悲劇力量、思想意境和嬉鬧場景的呈現均較1616年版本成功，因而以1604年作為譯本。

無趣、嚴苛、鄙賤、卑劣。只有魔法、魔法讓我瘋狂。」[9]精通魔法的浮士德看清知識的侷限與力量，因而說道：「這些魔法師的形上學，還有魔法的書籍真是妙如天賜。直線、圓圈、符號、字母和密碼，啊，這才是浮士德最渴望的。喔！鑽研此道將充滿多少的財富歡樂，多少的權勢、榮耀和萬能的力量！宇宙恆常兩極之間的萬事萬物都將受我支配。貴為帝王，只能在轄境內發號施令，卻無力呼風喚雨，但魔法師的領域遠過於此，如同思緒般無限延伸。道高的魔法師便是偉大的上帝，來吧！浮士德，運用你的智慧變成神吧！」[10]想要擁有至高無上權力，猶如上帝般全能的浮士德，為了追求名利、享樂與權勢，於是動用魔法召喚來魔鬼 ── 魔菲斯特。浮士德願意與魔鬼的主人魯西弗定下契約，在第二幕第一景中浮士德以鮮血和魔菲斯特簽下了合約：

> 根據以下條款：
> 第一、浮士德形體與精神上得成為幽靈
> 第二、魔菲斯特菲力斯應成為其僕役，聽其使喚
> 第三、魔菲斯特菲力斯應唯命是從
> 第四、他在房內或家中不應現形
> 最後，威登堡人氏約翰‧浮士德‧博士，依本契約，願將身體與靈魂獻與東方之王魯西弗，及其使者魔菲斯特菲力斯。並進一步承諾，二十四年期限過後，若上述條款未遭破壞，

9 郭錦秀：《馬婁浮士德博士悲劇史之翻譯及其內文暨當代重要演出研究》，頁75-76。

10 郭錦秀：《馬婁浮士德博士悲劇史之翻譯及其內文暨當代重要演出研究》，頁73。

則前述約翰・浮士德之身體、靈魂、血肉或財務，將與許他們帶至其國度。

立契人　約翰・浮士德[11]

簽下合約的浮士德迫不及待跟魔菲斯特要求要一個全國最美的姑娘作為妻子，以滿足性慾的渴望，魔菲斯特派另一名魔鬼喬扮女裝上場，讓浮士德大為不滿，娶妻一事也就告吹。

和魔鬼簽訂契約後的浮士德，開始享受截然不然的人生，他與魔菲斯特大談宇宙行星，試圖了解更多宇宙的規律；而魯西弗則帶來地獄的餘興節目——「七大罪」——驕傲、貪財、憤怒、嫉妒、貪吃、懶惰、色慾與浮士德對話，代表人類七情六慾的七個角色輪番上陣，與浮士德一搭一唱，詼諧逗趣。浮士德在魔菲斯特帶領之下，遊歷歐洲各地，渴望見到燦爛羅馬的山川文物的浮士德，最後來到羅馬城，對於教皇及修士，浮士德對魔菲斯特說：「那麼，我想安排一些消遣。藉由他們的醜態來逗我們開懷。現在就用魔法讓我隱形，好使我在羅馬停留期間為所欲為，而不被任何人發現。」[12]穿上隱形衣潛入羅馬教皇房間的浮士德，又是嘲弄教皇及修士，又是奪走教皇食物，並摑教皇一巴掌，甚至對驅魔儀式、聖經、聖鈴及輓歌，喘之以鼻毫無懼色。

遊歷歐洲飽覽見聞的浮士德回到家鄉後，藉著機智才能與飽學的知識獲得查理五世皇的器重。他藉由魔菲斯特的幫助在帝王面前

11 郭錦秀：《馬婁浮士德博士悲劇史之翻譯及其內文暨當代重要演出研究》，頁95-96。

12 郭錦秀：《馬婁浮士德博士悲劇史之翻譯及其內文暨當代重要演出研究》，頁112。

將亞歷山大及其情婦喚至帝王面前，展現魔法幻術。又遇上一名馬商，馬商不甘心浮士德賣給他的馬遇水便憑空消失，找浮士德理論，被馬商拉斷腿的浮士德輕而易舉又可以將腿接回，戲弄馬商一番。浮士德藉助鬼靈所展現的魔法不僅如此，他還為了討萬霍公爵歡心，藉由來去自如的靈魂，將遠在地球另一端東方國度的葡萄送到已懷有身孕的萬霍公爵夫人面前。

眼見二十多年的契約就要到期，浮士德與學生們痛飲無度、大快朵頤，盡情享受生命，並以魔法召喚希臘神話裡的絕色美人——海倫，驚鴻一瞥的海倫讓大家大飽眼福。浮士德此舉竟召來一位老人規勸，同時提醒他只要懇求慈悲，就能得到上帝的恩典。就在浮士德打算懺悔之際，魔菲斯特立刻出現以叛徒之罪要逮捕浮士德，浮士德見風轉舵，再次以鮮血寫下承諾，宣示自己不再背叛魯西弗，並向魔菲斯特提出：「讓我剛才見到的那天仙般的海倫成為我的情人，她甜美的擁抱可以完全消除那些驅使我違背誓言的想法，使我堅守對魯西弗許下的承諾。」[13]魔菲斯特立刻滿足浮士德。海倫的美貌讓浮士德傾倒，浮士德甚至認為自己的天堂就是擁有美麗的海倫。在契約期限的前一刻，浮士德雖然閃過上帝救贖的念頭，但他更清楚知道自己落入地獄的報應即將到來，因此浮士德說：「上帝確實不容許，但浮士德已經做了。為了二十四年的虛浮歡樂，浮士德失去永遠的快樂幸福。我用自己的鮮血向他們立下契約，如今期限已到，這一刻就要來臨，他們就要來抓我了。」[14]

---

13 郭錦秀：《馬婁浮士德博士悲劇史之翻譯及其內文暨當代重要演出研究》，頁113。

14 郭錦秀：《馬婁浮士德博士悲劇史之翻譯及其內文暨當代重要演出研究》，頁137。

就在生命將被帶往地獄的最後一小時，浮士德知道自己將要兌現承諾，也明白自己無法獲得上帝救贖，只能惶恐的等待魔鬼帶他墮入地獄。

二　歌德的《浮士德》

《浮士德》共分兩部，第一部不分幕，第二部分五幕。在第一部，上帝跟魔鬼打了個賭，上帝賭人間的浮士德，無論受到何種誘惑並隨之墮落，最終還是會心歸上帝；魔鬼則賭，只要上帝讓魔鬼自由行事，浮士德一定會被誘惑，並墮落到與魔鬼為伍。來到人間誘惑浮士德的魔鬼，也跟浮士德打賭，魔鬼賭他可以讓浮士德找到心滿意足的快樂；浮士德則回答：「假如我對於某一瞬間說道：『請你停留，你真美好！』那你就可以將我捆縛起來，我願接受滅亡的果報！」[15]

胸懷大志的浮士德決心享受重來的人生：「在不能看穿的魔術的掩蔽之下，但願備有一切奇蹟！我們要投入時間的急流裡，投入事件的進展裡，痛苦和快樂，成功和失敗，不妨盡量相互交替，男兒原本應該自強不息。……快樂並非我所關心的問題，我要委身於最痛苦的享樂，委身於陶醉的沉迷，委身於爽快的沉淪。已經擺脫了知識的慾望的心胸，將來對於任何痛苦都不曾迴避。……我要用我的精神抓住最高最深的東西，在我的胸中將全人類的幸福和悲哀堆積。」[16]魔鬼一直想讓浮士德心中出現享樂主義、投機主義並讓

15 見〔德〕歌德著，周學普譯：《浮士德》（臺北市：志文出版社，1981年8月），頁121。

16 〔德〕歌德著，周學普譯：《浮士德》，頁123-124。

他變得庸俗不堪，但浮士德卻不是這樣的人。對他而言，體驗是一生追求知識後，對生命重新燃起的理想與熱情，在他內心深處，絕不是為體驗而體驗、也不可能步向享樂主義。魔鬼帶浮士德雲遊各地，讓他變回年輕的樣子，幫他追上少女瑪格麗特，[17]可是到頭來，浮士德只是害死人命，毀了瑪格麗特的一生。第二部中，浮士德受到皇帝的禮遇，以幻術召喚世上最美的女人——海倫，但兩人終究無法擁有幸福而抱憾收場。最後他以法力將沼澤化為良田，造福百姓，縱然年屆百歲高齡，眼睛又盲，但浮士德的活動力仍舊旺盛，他無意過著自由與安逸的生活，一生的理想是日夜勤奮不懈的工作，開闢國土創造一個沒有大自然威脅，也沒有權力壓榨的自由土地，並與自由的民眾一同居住。體認到人生意義的浮士德說出了這麼一段話：「願與自由的人民住在自由的地方，那麼我會對瞬間說：你真是美好無匹，請你佇留！我在地上日子的痕跡，將永遠不會化為烏有。」[18]體悟到人生意義、享受到幸福滋味，並滿足於當下的浮士德因而敗於梅菲斯特，倒地而死。就在死靈將浮士德的靈魂送往地獄時，天使出現了，護送浮士德的靈魂昇天。

《浮士德》全書一萬兩千多行，歌德運用象徵的手法，表現浮士德幾個階段的人生追求，既是浮士德個人靈魂蛻變的發展史，也暗合著當時的時代精神。《浮士德》可說是歌德數十年生命的試煉與磨練後的精粹之作，密織歌德對於人生、社會、宇宙的思考與反省，在以浮士德素材為主題的各種文學作品中，這部悲劇型的詩劇是集大成的鉅著。而歌德在創作時，加入許多傳說的題材，像浮士德與華格納的對話、惡魔的契約、酒肆裡學生們的戲謔、宮廷生

---

17 瑪格麗特即為葛萊卿，歌德以葛萊卿傳說為題材，創作出瑪格麗特一角。

18 〔德〕歌德著，周學普譯：《浮士德》，頁629。

活、海倫還魂、地靈的出現、瑪格麗特的悲劇以及第二部中的殖民地經營，更是歌德版本中相當重要且精采的創作。

傳說中的浮士德和魔鬼所訂定的契約，是以一定年限出賣靈魂作為條件的單純契約；而歌德的浮士德則是向魔鬼自願地以因享樂而放棄努力為假想條件來訂約，這表示他有決不屈服於任何試煉的自信心，可以看出歌德試圖在作品中對於人的卑微提出兩點：其一，人有渴望真善美的心靈衝動；其二，以人存在的有限，根本不可能了解真善美的本質。歌德在《浮士德》中談到了愛情，談到了對理想的追求，也談到了對社會國家的期待，顯然歌德並沒有把道德宗教的自我悔罪及自我要求當成最終的答案。因此，浮士德在逐漸了悟生命的價值與意義時說出：「凡是不能使我滿足的東西，我就將它放棄，凡是從我手裡逃脫的東西，我就由它逃竄。……這個世界，我已瞭然，不復有超越塵世的妄念。……這個世界，對於有所作為的人，並不是默然。」[19]歌德非常強調人生在世需要竭力克服墮落、努力向上，並為更多人謀得幸福，而對於努力不懈的人，越是有理想性格的人，這一生就越需要經歷謙卑的洗鍊。浮士德最終獲得救贖，不是因著努力而獲得，而是至善的上帝以憐憫慈愛伸手接納這些認真的人。上帝樂見認真面對生命的人，也接納人一生中的每個階段，而人也在所遭遇的各種經歷與磨難中更接近善。林兆烜認為浮士德心靈昇華的過程，或可稱之為：「由利己者昇華為利他者」[20]就歌德筆下的浮士德來看，浮士德在成為一位利他者的

---

19 〔德〕歌德著，周學普譯：《浮士德》，頁622。

20 林兆烜於其《沉淪與昇華：論馬羅的《浮士德博士》與哥德的《浮士德》中兩位主角的心靈的擺盪與反轉》中認為浮士德心靈昇華的過程為：「一開始，浮士德耽溺於與葛萊卿及海倫的愛慾中，但在目擊和海倫所生下的孩子歐福列洪墜

同時，其實也因為追求善而有了利己的愉快與滿足。

三　孫富叡的《狂魂》[21]

《狂魂》共分為十一場：第一場「神魔之爭」，第二場「活神仙」，第三場「劍之悟」，第四場「惡魔契約」，第五場「騰雲」，第六場「神之引」，第七場「種籽」，第八場「魔之染」，第九場「情殤」，第十場「心靈地獄」，第十一場「道」。

為說明人性貪婪慾望的本性，劇情一開始就是一場智慧與慾望的辯證，代表善神的慈光與惡魔的荼闇，對於人類能否參透世間的慾望起了爭執，為了這場辯證，神與魔便以八十年來隱居山洞的悟道老朽慕容塵作為試探與下注的對象，於是以慕容塵為棋、以慾望為誘餌的這場賭局就此展開。編劇將原著中具有強烈西方文化背景的上帝與魔鬼，轉化為慈光與荼闇，將西方正邪的對立改換為東方明暗的較勁。黑暗與光明的賭局在第一場「神魔之爭」即說道：

地身亡，以及海倫的消逝，浮士德將其原來的自利觀念，昇華為利他的行動，浮士德想實踐他為人民填海造陸的理想。浮士德由利己者昇華為利他者的過程」（參見中文摘要），關於這部份的詳細論述可參見其論文第三章。林兆烜：《沉淪與昇華：論馬羅的《浮士德博士》與哥德的《浮士德》中兩位主角的心靈的擺盪與反轉》（臺北市：文化大學英國語文學研究所碩士論文，2005年）

21 孫富叡畢業於東吳大學哲學系，目前為一心戲劇團製作人，他曾為劇團所編寫的作品包括：《烽火英雄劉銘傳》、《戰國風雲馬陵道》、《鬼附馬》、《聚寶盆》、《英雄淚》等，為明華園所編寫的劇本則有《2005東方傳奇──白蛇傳》、《2008超炫白蛇傳》、2010花博節目《牡丹花神》、建國百年大戲《火鳳凰》。曾以《草地巡按》一劇獲得92年度全國文藝獎傳統戲劇組編劇優勝獎，《蚯蚓鬥殭屍》一劇獲94年度全國文藝獎傳統戲劇組編劇佳作獎。本文所引用之《狂魂》劇本是由孫富叡所提供，由於尚未出版，無法標註頁碼，以下正文僅註明場次。在此也一併感謝孫富叡先生提供劇本。

茶闍：（唱）愚痴凡人　甘墮落　善惡不分　貪婪慾望　無窮盡　噬血靈魂

慈光：（唱）水覆舟　亦載舟　進化動力滾　智慧參透　貪婪慾望蕩然無存

茶闍：（唱）你相信　智慧參透，我斷言　自作孽死路一條

慈光：（唱）多爭辯　亦是無效

茶闍：（唱）一場賭　光與闇勝負便曉！

而這場賭局的輸贏在於慕容塵若無法抵擋貪婪慾望的誘惑而選擇自甘墮落，那便會墮入地獄，茶闍便贏得這場棋局。[22]至於作為賭棋的慕容塵是如何看待這場賭局，在第四場「惡魔契約」可見：

茶　闍：想要擁有她？想要保有青春容貌、活力體力？想要與梅蝶君共度一生？你慕容塵想要什麼，我都可以達到。只要你和我簽下契約，惡魔茶闍為奴隸供你差遣七年，無所不能！

慕容塵：好！我決定與你茶闍簽約。

茶　闍：太好了！

慕容塵：那你的條件又是甚麼？

茶　闍：沒有條件，我只是要證明，只要是世間凡人都受不了我茶闍提供的誘惑，到了生不如死的境地，他們自然會交出靈魂歸吾地獄所有。只要你落入地獄，

22 茶闍於第一場與慈光的對話中如是說：「慈光！惡魔的誘惑豈是凡人抵擋得住？況且人性本惡！我有把握慕容塵最後絕對會自甘墮落於貪婪慾望的煉火喊救命」。

　　　　便是我贏你輸了！

慕容塵：哼，放心！我慕容塵絕不會墮入地獄的。

茶　闇：嘿嘿，別怪我沒有提醒你。地獄並不在幽冥地府，而是無所不在。

慕容塵：地獄無所不在？哈哈哈……荒謬至極！從今以後，我要運用茶闇的惡魔力量，替天行善剷奸除惡！

慕容塵若不能抵擋誘惑，而陷入生不如死的地步，靈魂便交由茶闇，落入地獄。自信滿滿的慕容塵還有著雄心壯志，竟想以惡魔力量替天行道（以惡勢力行正義之事），與以往修道時正直寡欲的形象截然不同，這樣的安排也更加凸顯慕容塵道心不堅，最終走向茶闇所設的局，也就不令人意外。

茶闇施以魔法讓慕容塵改頭換面，變身為青春少年，讓他得以與一見鍾情的梅蝶君相戀。當元谿國攝政王策動叛變，毒殺國王，並對於儲君梅逸雲及公主梅蝶君趕盡殺絕之際，慕容塵獲得茶闇的協助以寡擊眾，擊敗攝政王，成功輔佐梅逸雲登基，慕容塵也因此獲得重用，這部份情節確實呼應了第四場慕容塵打算借惡魔之力鏟奸除惡的想法。但是，當外在環境的權力誘惑逐步增強時，慕容塵的心靈竟猶如餵不飽的狼虎，整部作品的戲劇張力於此開始展開。

慕容塵獲得君王（梅逸雲）的器用，不斷大興土木、積極建設，表面看似積極奮起為國效力，但實際上卻與但求無為、以道治國的梅逸雲彼此理念漸行漸遠。善神慈光為指引慕容塵「以道為根本」，附體於梅逸雲，不僅冊封慕容塵為戢武王，更促成梅蝶君與之成婚，但這些布局仍無法抵擋慕容塵心中權力慾望的萌生，茶闇一步步激起慕容塵的貪欲，最後讓他親手殺死梅逸雲並登基為王。

失去兄長的梅蝶君心情低落，懷疑兄長的死去與慕容塵有關，心裡的疑慮讓兩人濃情不再。登基為王的慕容塵變得荒淫無度，昏聵殘暴。十年後，梅蝶君逼問慕容塵，目中無人的慕容塵肆無忌憚的承認自己當年殺害梅逸雲，梅蝶君聽聞後哀莫大於心死，決心離開慕容塵。此時，慕容塵彷彿跌落谷底，孤單寂寞至極，生不如死，才驚覺梅蝶君在自己心中的重要性。

荼闇眼見慕容塵已經墮入心靈地獄，正打算收走慕容塵的靈魂。慕容塵求荼闇讓他見梅蝶君最後一面，悔不當初的慕容塵試圖挽回梅蝶君的心，卻只見梅蝶君悠悠然回答：「求道存乎一心，不需外求」，這句話讓慕容塵恍然大悟、茅塞頓開，不再有遺憾。

第四節　《浮士德博士悲劇史》、《浮士德》與《狂魂》之比較

根據上文文本的說明與分析，可以看出《狂魂》雖是改編自馬婁的《浮士德博士悲劇史》及歌德的《浮士德》，但無論在思想旨趣、情節內容、結構布局、敘述手法上，《狂魂》已與原著多有不同。事實上，《狂魂》是參照原著中幾個重要的情節加以改編鋪排，以形成新的面貌，捨棄西方宗教文化與神學想像的部分，而改以人性權力慾望的討論。以下筆者將從四個方向來分別比較，以看出《狂魂》對於原著的承襲與演繹。

一　正與邪的一場賭局

上帝與撒旦的賭局是西方文化中常見的議題，移植至臺灣後，

《狂魂》改換成荼闇與慈光的賭注。在馬婁與歌德版本中，扮演魔鬼的「梅菲斯特」其名的原意是「不喜光明的人」或「破壞者」，後人引申為「魔鬼」。孫富叡沿襲此一意涵創造了「荼闇」，而西方上帝則改換成「慈光」。

馬婁版本中，浮士德運用魔法召喚魔鬼而開啟一場神奇的魔幻之旅，歌德版本則是因魔鬼與上帝打賭而有了正邪的大對決，孫富叡版本中慈光與荼闇這兩位分別象徵光明與黑暗的神與魔，也是起於一場賭注，從而展開一場人性大考驗。

不過，與前述馬婁版本不同的是，《狂魂》在一開始便以人性能否抵擋慾望作為開端，而不是一開始便設定願意以靈魂換取有限時間的無限慾望，來盡情享受人生。而這部份的情節與歌德的版本也不盡相同，歌德中的浮士德是倘若有一時半刻滿足於眼前的生命，便可讓魔鬼奪去靈魂。《狂魂》則是將馬婁原著中浮士德運用魔法享受生命的情節捨去，將歌德版本中浮士德對於知識宇宙的無窮盡追逐，改編為貪婪慾望的致命吸引力，因而導向對人性慾望的探討。在人性大考驗的賭局中，慕容塵一步步陷落，荼闇的勝算逐漸加碼，人性的沉淪讓人唏噓。

二　殺害心愛女人胞兄的情節

在孫富叡的《狂魂》中，慕容塵殺害梅逸雲，取得皇位，可說是整齣戲的高潮。殺害心愛女人的胞兄，這部份情節與馬婁無涉而與歌德的版本有所承襲與改編。馬婁版本中的故事主軸圍繞在浮士德享受魔法與權力，較無複雜的人物情感糾葛。再加上劇中浮士德所喜愛的女子海倫，只是扮演影子人物，對其身分背景描述付諸闕如，因而也沒有出現弒兄情節。歌德版本中，浮士德與瑪格麗特相戀時，就與其哥哥華倫亭不和。兩人因為瑪格麗特的貞操而起干戈，為了捍衛瑪格麗特的名譽，華倫亭與浮士德決鬥，最後死於浮士德劍下。浮士德挑戰禮教，看似戰勝禮教（華倫亭），但逼得瑪格麗特手刃親子並落入地牢的悲劇，也讓自己後悔不已。

承襲歌德這部份弒兄情節，而加以大改編的《狂魂》，則是在第八場「魔之染」中，設計了一段慕容塵內心世界的真心大告白。荼闇代表著慕容塵心中幽暗貪婪的一面，貪婪的慾望終究泯滅道德良知，慕容塵親手殺死梅蝶君的哥哥梅逸雲，篡位成為君主，享受至高的權力。編劇著墨於慕容塵權力慾望的刻劃，對於人性貪婪、慾望與野心的描述相當精采。

雖然《狂魂》有承襲歌德版本的劇情，但兩者的旨趣、目的和意義已經截然不同。

三　蘊含宗教的意味

浮士德是在西方文化背景下探討上帝與救贖，人性與良知，作品本身極具西方文化及宗教色彩。《狂魂》改編浮士德自是難跳脫宗教性，但當西方文化移植於本土劇種，如何轉換此一宗教色彩？甚而發展出另一種哲學思想？這就有待於編劇的構思。狂魂的主題圍繞在愛與空、貪與狂、虛與有的反思與辯證中，整部作品帶有濃烈的道家思想，劇末男女主角頓悟的「無所求」觀，提出「愛無所求，道無所求」的醒世警語，更是讓整齣戲充滿度脫宗教劇的影子。

《狂魂》雖帶有度脫劇的色彩，但又無法明確歸入度脫劇或宗教劇，其原因就在於點悟慕容塵的人物並非仙人也非化為凡人的神仙，而是帶他嚐盡人世甜美與痛苦的荼闍（魔），以及對他哀莫大於心死的梅蝶君（人），這與中國戲曲中宗教劇、度脫劇中的度人者通常是神仙或化為凡人的神仙，是有很大的差異[23]。不過撇除度人者的身分問題，我們還是可以看到度脫劇情節的影子。

四　經歷愛情而蛻變的人生

馬婁劇本中的浮士德一開始就以享受男歡女愛作為交換靈魂的目標，即便是能夠與絕世美女海倫一同生活，馬婁對於兩人的愛情完全沒有著墨，海倫在《浮士德博士悲劇史》中只淪為影子人物。歌德版本中，浮士德先有瑪格麗特的悲劇愛情，後又有海倫與之組成家庭，愛情情節在劇中佔有重要地位。浮士德也因為經歷這兩段愛情而有了蛻變，人生也因此而更加豐富。

孫富叡筆下的慕容塵分別由兩位演員（青燕、孫詩珮）扮飾同一人物，耆老慕容塵還懷有雄心壯志想要懲奸除惡，變回年輕的慕容塵則是嚮往愛情，兩人分別在舞臺兩端對唱，為達成內心的渴望，與荼闍簽訂合約。雖然一開始簽訂合約的動機因為耆老與年輕而有所不同，但劇情的結局卻因著愛情的本質與初衷點破迷失的人

23 關於度脫劇及宗教劇可參考李豐楙：〈神化與謫凡：元代度脫劇的主題及其時代意義〉，《文學、文化與世變第三屆國際漢學會議論文集文學組》（臺北市：中央研究院中國文哲研究所，2002年1月），頁237-272；李惠綿：〈論析元代佛教度脫劇——以佛教「度」與「解脫」概念為詮釋觀點〉，臺灣大學佛學研究中心《佛學研究中心學報》第6期（2001年7月），頁271-316；林智莉：《現存元人宗教劇研究》（臺北市：臺灣大學中國文學研究所碩士論文，1999年）。上述論文對於度脫劇及宗教劇皆有明確及精闢的論述。

性。就這點而言，狂魂與歌德版本所刻劃的愛情，都深深影響了劇中主要人物的發展。

第五節　結語

歌仔戲改編西方劇作雖於90年代便已大行其道，但為數不少作品流於表淺的移植，而無法有深入的思想內涵或完整的情節結構。「一心戲劇團」嘗試改編浮士德，也是劇團成立二十多年來，試圖與國外文學作品接軌的一大挑戰。

浮士德故事已在西方音樂、藝術、戲劇中佔有重要地位。以戲劇而言，馬婁的《浮士德博士悲劇史》與歌德的《浮士德》更是歷來最受矚目的作品，《狂魂》根據這兩部作品加以改編，吸收兩者不同情節與題材加以融合與揉合。其中馬婁作品的文學性雖不及歌德，但在題材及人物原型的創造上，有其意義與價值。馬婁筆下的浮士德是一位想要擁有至高無上權力，猶如上帝般全能，為了追求名利、享樂與權勢，於是動用魔法召喚來魔鬼——魔菲斯特。二十多年後與魔鬼的契約期滿，就在生命將被帶往地獄的最後一小時，浮士德知道自己將要兌現承諾，也明白自己無法獲得上帝救贖，只能惶恐的等待魔鬼帶他墮入地獄。

歌德的《浮士德》蘊含深澳的哲學思想，對於人性的淬煉與真善美的追求有較為深刻的描述。劇中浮士德體悟到人生意義、享受到幸福滋味，並滿足於當下的浮士德因而敗於梅菲斯特，倒地而死。就在死靈將浮士德的靈魂送往地獄時，天使出現了，護送浮士德的靈魂昇天。歌德在創作時，加入許多傳說的題材，像浮士德與華格納的對話、惡魔的契約、酒肆裡學生們的戲謔、宮廷生活、海倫還魂、地靈的出現、瑪格麗特的悲劇以及第二部中的殖民地經營，更是歌德版本中相當重要且精采的創作。傳說中浮士德和魔鬼所訂定的契約，是以一定年限出賣靈魂作為條件的單純契約；而歌德的浮士德則是向魔鬼自願地以因享樂而放棄努力為假想條件來訂約，這表示他有決不屈服於任何試煉的自信心，可以看出歌德試圖在作品中對於人的卑微提出兩點：其一，人有渴望真善美的心靈衝動；其二，以人存在的有限，根本不可能了解真善美的本質。

孫富叡的《狂魂》將原著中具有強烈西方文化背景的上帝與魔鬼，轉化為慈光與荼闇，將西方正邪的對立改換為東方明暗的較勁。為說明人性貪婪慾望的本性，劇情一開始就是一場智慧與慾望的辯證，代表善神的慈光與惡魔的荼闇，對於人類能否參透世間的慾望起了爭執，為了這場辯證，神與魔便以八十年來隱居山洞的悟道老朽慕容壆作為試探與下注的對象，於是以慕容壆為棋、以慾望為誘餌的這場賭局就此展開。慕容壆若不能抵擋誘惑，而陷入生不如死的地步，靈魂便交由荼闇落入地獄。自信滿滿的慕容壆還有著雄心壯志，竟想以惡魔力量替天行道，與以往修道時正直寡欲的形象截然不同，這樣的安排更加凸顯慕容壆道心不堅，最終走向荼闇所設的局，也就不令人意外。《狂魂》可說是汲取馬婁與歌德的優點，編創出主題思想與情節結構迎合臺灣觀眾口味的文本。將西方文化中探討上帝與魔鬼的辯證思維轉化為道教思想濃烈的神祇觀，以適應本土文化與思維。

承襲歌德《浮士德》的正邪賭注，將上帝與魔鬼置換成慈光與荼闇。將馬婁版本中浮士德運用魔法享受生命的情節捨去，也將歌德版本中浮士德對於知識宇宙的無窮盡追逐，改換為慾望的追求，因而導向對人性貪欲的探討。殺害心愛女人胞兄的情節則是《狂魂》一劇的高潮，這部分雖是改編自歌德，不過內涵已大不相同，歌德版本起因於女人貞操的捍衛，《狂魂》則是人性的貪婪慾望引發殺機。經歷愛情而蛻變的人生，也是汲取歌德作品中對於愛情的嚮往、追求與反省。至於宗教的意涵則是有所承襲，在馬婁與歌德作品中，上帝與魔鬼的正反聲音也出現在《狂魂》作品中，只不過改換為道教神祇觀，而浮士德最終歸於上帝，雖是參照歌德作品的意涵，但改為慕容塵受到點化，了悟超脫，倒是有著度脫劇的影子。最後劇情的結局是因著愛情的本質與初衷，而點破迷失的人性，就這點而言，《狂魂》與歌德版本所刻劃的愛情，都深深影響了劇中主要人物的發展。因此，筆者認為《狂魂》在改編馬婁的《浮士德博士悲劇史》與歌德的《浮士德》的承襲與改編上，可以從：「正與邪的賭注」、「殺害心愛女人胞兄的情節」、「蘊含宗教的意味」、「經歷愛情而蛻變的人生」，這四個方向加以探討。

總之，《狂魂》是參照原著中幾個重要的情節加以改編鋪排，以形成新的面貌，捨棄西方宗教文化與神學想像的部分，而改以人性權力慾望的討論。對於原著可說是有所承襲也有所衍異。就在傳統戲曲一片跨文化編創的潮流中，「一心戲劇團」選擇以浮士德作為跨文化改編作品，雖呼應了這股潮流，但尚且能不因為時髦而作戲，能夠貼近人性、能夠反省、能夠呼應本土文化脈絡，已屬難得。

第五章
歌仔戲之跨文化編創
——談梨園天神的兩次創作*

第一節　前言

60年代西風東漸，現代主義、存在主義等西方思潮大舉進入臺灣，70年代鄉土文學論戰，讓臺灣知識份子思索本土文學藝術，80年代「小劇場」經過風起雲湧的「劇場十年」，徹底改寫臺灣現代劇場面貌。1980年「蘭陵劇場」推出《荷珠新配》，在形式上融合了西方現代劇場和中國傳統戲曲，引起藝文界共鳴。崛起於1979的「雅音小集」，首先將「現代劇場觀念」引進京劇界，讓導演、燈光布景、服裝設計成為戲曲創作中不可或缺的一環，為傳統戲曲與現代劇場之間開啟了對話空間。在這股戲劇潮流刺激之下，傳統戲曲為尋求新題材與新元素，多借助「跨文化改編」以一新耳目。

1981年編劇家魏子雲改編尤內斯科荒謬劇《椅子》而為《席》，由空軍大鵬劇隊演出，試圖以京劇演出荒謬劇。1986年當代傳奇劇場嘗試以京劇演出莎士比亞劇作，改編莎士比亞的《馬克白》而為《慾望城國》，跨出改變傳統戲曲的一步，也開啟傳統戲

* 本文初稿〈歌仔戲的跨文化編創——談梨園天神的兩次創作〉宣讀於文化大學國劇系「2011跨越與實踐：戲曲表演藝術學術研討會」(2011年1月7日)，收錄於2011跨越與實踐：戲曲表演藝術學術研討會論文集》(臺北市：文津出版社，2011年6月)。今重新修正收入本書。

曲移植西方劇作嶄新的一頁。

80年代的歌仔戲在經歷多年摸索現代劇場化之後，精緻歌仔戲已成為各劇團努力的方向。以演出內容而言，80年代現代劇場歌仔戲多以神仙鬼魅、傳統軼聞的劇情為多，主要活躍的劇團為明華園歌仔戲劇團及新和興歌仔戲劇團。90年代起，現代劇場歌仔戲開始拓展文本思想及整體風格，出現公堂奇案、宮闈朝廷、歷史演義、愛情婚姻之類的題材。而投入現代劇場的歌仔戲劇團，從外臺、電視圈走進現代劇場後，整體演出上更是力求精緻化與文學化。[1]

在臺灣傳統戲曲紛紛朝向改編的方向努力，並以改編外國作品成為戲曲取材來源之一的大環境之下，90年代中期，歌仔戲也開始出現西化運動。鍾明德於1993年當代傳奇推出《樓蘭女》之際，曾於聯合報發表〈戲曲版西方經典名劇的省思〉一文，他從傳統戲曲改編希臘悲劇的省思中發出了「臺灣各傳統劇種中，為何單獨只有京劇嚮往創新？我們什麼時候可以看見歌仔戲版的《米蒂亞》或《馬克白》？」[2]正如所言，移植西方劇作當是創新傳統戲曲的一個方向，不惟京劇可以，具有活潑多樣性格的歌仔戲，本就有著跟隨時代脈動而創新更迭的特質。改編西方劇作，對於歌仔戲而言並非難事，更不是離經叛道，歌仔戲劇種的程式包袱及藝術特質本來就不似京劇般嚴謹莊重，[3]吸收西方的藝術元素，融入歌仔戲演藝

1 參見楊馥菱：《臺灣歌仔戲史》（臺中市：晨星出版社，2002年），頁165-168。

2 鍾明德：《繼續前衛——尋找整體藝術和當代臺北文化》（臺北市：書林出版社，1996年），頁379。

3 早在皇民化時期歌仔戲以「改良戲」方式演出日人編寫的《母性光輝》、《鞍馬天狗》、《水戶黃門》等，已呈現跨文化改編的風格。而內臺歌仔戲時期，拱樂社錄音團具有「演唱曲調古今不拘，背景音樂中西不限」的特色，將西方古典音樂放入錄音團盤帶中，增添演出的背景音樂，增加戲劇的活潑性。這些都是跨文化的表現。

之中，也是歌仔戲廣納各種表演藝術的劇種特色。

在戲曲現代化的環境刺激之下，90年代中期現代劇場歌仔戲也開啟了跨文化改編的一頁。根據筆者所統計的現代劇場歌仔戲跨文化作品中，其原著以莎士比亞作品最受青睞，莎士比亞的《哈姆雷特》、《羅密歐與茱麗葉》、《馴悍記》，經過劇種的轉化分別以不同樣貌，蛻變成屬於歌仔戲「口味」的作品，[4]而原著中所具有的西方文化特色，也在移植改編的過程中改換成符合臺灣風土民情的內容。不唯莎翁名劇受到「改造」，其他跨文化改編作品一樣也是出現「大翻修」的現象，像《欽差大臣》把果戈里的「怪誕喜劇」翻轉成存在於封建時代的通俗劇，類型化的扁平人物看不到獨特飽滿的性格，以符合歌仔戲的劇場慣例[5]。《罪》則是將弒父戀母的希臘神話故事改編成強暴未遂的劇情，並添加許多適合臺灣民情的內容，這些作品往往與原著大相逕庭。

改編西方劇作是稍有不甚即容易荒腔走板，顯示出跨文化改編上的困難與挑戰。移植西方劇作加以改編，往往還得評估本土文化的適應問題與劇種屬性的契合程度。改編外國文本時，必然會面臨原著文化與本土文化上的隔閡，改編者該如何處理這些差異則是個大問題。因為處理方式不僅關係到改編者對於兩種文化的理解與認識，也反映出改編者的創意，以及對於觀眾審美趣味的掌握。

在這一系列跨文化編創的歌仔戲作品之中，筆者特別注意到唐美雲歌仔戲團於1999年及2006年所推出的兩部作品，都是以西方經

4　1997年洪秀玉歌劇團改編自莎士比亞的《哈姆雷特》推出《聖劍平冤》；2001年河洛歌子戲團挑戰莎士比亞《羅密歐與茱麗葉》推出《彼岸花》；2006年海山戲館改編莎士比亞的《馴悍記》，演出《惡女嬌妻》。

5　參見石光生：《跨文化劇場：傳播與詮釋》（臺北市：書林出版社，2008年），頁114。

典劇作《歌劇魅影》為改編對象。以同一作品為對象進行兩次的編創，發展出完全不同的兩樣風情，並兩度成為劇團年度大戲，這樣特殊的情形與創舉，恐怕也是國內劇團少有的現象。有鑑於此，筆者以為將前後兩部作品兩相對照，不僅可以看出劇團的理念與堅持，也可以藉著二度編創看出跨文化改編的困難與超越。一部作品的跨文化編創所牽涉的範圍包含劇本編修、導演手法、舞臺美術、聲腔詞情等，改編之工程不可謂不浩大，囿於篇幅，本文將以劇本情節結構之改編作為研究範疇。因此，本文將以唐美雲歌仔戲團兩度改編《歌劇魅影》的作品——《梨園天神》（1999）、《梨園天神桂郎君》（2006）為例，說明兩個作品在改編原著上的不同編創手法，並分析比較兩度編創的差異與優劣，試圖以同一劇團兩度改編同一西方劇作的角度來對作品進行深入的探討，並準此以窺探跨文化編創上的困難與得失。

第二節　從《歌劇魅影》到《梨園天神》

1999年唐美雲歌仔戲團成立，創團第一齣作品一開始就設定是為唐美雲與許秀年兩位重量級演員量身打造，小生、小旦的愛情戲既是合乎歌仔戲傳統精神，又是兩位名角相互飆戲的好題材，因而便從愛情故事作為劇本構思的方向。另一方面，《梨園天神》編劇柯宗明先生，在「為吸引年輕觀眾進入歌仔戲現代劇場，為年齡層偏高的歌仔戲注入新的希望」的動機之下，[6]取材19世紀末的法國小說為題材，以外國小說的新穎故事來激盪新的戲曲元素。再加上，

6　參見1999年《梨園天神》演出節目手冊。

有感於歌仔戲號稱「臺灣歌劇」（Taiwanese opera）的不適切，為了正名歌仔戲之屬性乃是近似於西方「音樂劇」而非「歌劇」，[7]於是選擇了在西方百老匯紅透一時，締造二十多年連演不墜的音樂劇《歌劇魅影》作為改編對象。於是乎臺灣版的《歌劇魅影》──《梨園天神》就在符合小生小旦愛情戲，並貼近歌仔戲屬性（臺灣歌仔戲是貼近於西方音樂劇）的條件之下產生出來。

事實上，法國作家卡斯頓・勒胡於1910年出版法文版小說《歌劇魅影》（Le Fantome de I-Opera），隔年立即翻譯成英文版，這部作品之後曾被舞臺劇、電影多次改編，其中以安德魯・洛伊・韋伯（Andrew Lloyd Webber）的音樂劇《歌劇魅影》（Phantom of the Opera）最為膾炙人口，[8] 2004年由華納兄弟影片發行的電影《歌劇魅影》，[9]是改編自韋伯的音樂劇，相當程度的保留了音樂劇的故事情節。[10]無論是卡斯頓・勒胡的小說《歌劇魅影》，抑或是韋伯的音樂劇《歌劇魅影》，甚至是華納發行的電影版《歌劇魅影》，這三部作品已經成為現代人相當熟悉的故事情節與音樂旋律。仔細比較原著小說與音樂劇、電影，彼此之間即存在諸多不同的情節內

---

7 「歌劇」（Opera）主要或完全以歌唱和音樂來交代和表達劇情的戲劇，是唱出來而不是說出來的戲劇表演。歌劇首先出現在17世紀的義大利，源自古希臘悲劇的劇場音樂。歌劇的演出和戲劇所需一樣，不同的是歌劇應看重歌唱和歌手的傳統聲樂技巧，舉例而言像威爾第的《阿依達》、《茶花女》即是歌劇；「音樂劇」（Musical theater，簡稱 Musicals）又稱為歌舞劇是音樂歌曲舞蹈對白結合的一種表演。和歌劇不同的是音樂劇經常運用不同類型的流行音樂，並允許沒有音樂伴奏的對白，像《貓》、《悲慘世界》、《歌劇魅影》等即是音樂劇。

8 韋伯的《歌劇魅影》於1986年在倫敦首演，1988年移師紐約百老匯，至今仍歷久不衰深受喜愛。

9 這部電影於2005年1月7日在臺灣上映。

10 筆者曾於2009年7月至臺北小巨蛋觀賞《歌劇魅影》音樂劇，當天演出內容與2005年在臺所發行的電影《歌劇魅影》幾乎一樣。

容，而關於彼此之間的不同與改編優劣的評比，可謂多如牛毛，因這部分與本文不具直接關係，故在此不作討論。

根據《梨園天神》首演節目手冊上編劇柯宗明的說法：「今晚這齣『梨園天神』，是取材自十九世紀末法國小說家勒胡所寫的小說『歌劇魅影』。」也就是說，《梨園天神》是以在臺出版的翻譯小說《歌劇魅影》（*Le Fantome De L'Opera*）作為本事根源來進行改編。[11]唐美雲歌仔戲團兩度以《歌劇魅影》作為年度大戲，雖根據同一題材進行編創，然而本事根源卻有不同。筆者曾訪問《梨園天神桂郎君》編劇施如芳，她表示《梨園天神桂郎君》是以電影版本作為改編文本的依據。[12]也就是說，1999年演出的《梨園天神》是完全以小說作為文本來進行改編，而2006年所推出的《梨園天神桂郎君》，便以電影版本作為參照對象。

要將西方作品移植至歌仔戲，勢必要對於時空背景、人物角色作一番更動，編劇首先在故事場景上將西方歌劇院改為東方茶樓，以符合戲曲文化背景。其次在人物角色上，《歌劇魅影》中的英俊子爵勞爾搖身為《梨園天神》中進京趕考的白面書生白俊卿，而原著中在劇院出淤泥而不染的美麗女伶克莉絲汀，則變為因家道中落而淪為茶樓賣唱的歌妓芙蓉。而原著中來無影去無蹤具有廣大神通的魅影，在《梨園天神》中則改喚為「黑影鬼」的烏俊才，保有神秘身世並以天神自居，指導芙蓉唱曲。然而這樣的改編也僅是文化

11 《歌劇魅影》（The Phantom of the Opera）是法國小說家Gaston Leroux（1828-1927）創作的通俗小說，英文版的初版是1911年，由紐約的Grosset and Dunlap出版社出版。又筆者於2010年7月22日訪問施如芳（柯宗明之妻），她表示當初梨園天神的編劇主要是根據中文翻譯小說版本來進行。

12 筆者曾於2010年12月4日寫信請教施如芳，她回信表示創作桂郎君時是參考電影版本。

上的轉移，以符合劇種背景文化的更動，真正能夠讓改編後的作品具有靈魂，還是得從情節結構上仔細推敲。

筆者以為《梨園天神》既是取材自小說，則當從小說文學改編為戲劇這一角度予以分析。細究兩者的不同，可以發現編劇家有意刪除許多枝微末節的情節與人物，並將小說中諸多驚悚駭人的情節改為以愛情人性為主軸的敘事模式。正如編劇柯宗明於節目手冊上所自陳：

> 從取材、編寫至完成，編劇最後所呈現的，可以說是一個全然創新之作，與原著已有所不同，這也是為了因應不同表演型式的特質，所做的轉化。然而不論如何改變，故事最終所詮釋的，無非「愛情」。[13]

「愛情」是《梨園天神》汲取《歌劇魅影》最主要的題材，除此之外為保留原著的精神，柯宗明曾表示在改編時仍保有原著的三個要點：三角戀情、魅影身世，以及鬼影幢幢的氣氛。[14]保有原著風格的三要點，又能符合歌仔戲劇種特性，並貼近東方風土人情，在處理手法上勢必對於情節內容進行大幅度刪修。對此，黃千凌曾析論：

> 因小說與戲劇的文體及敘事觀點差異頗大，事實上《梨園天神》借用的是原以愛情為主題的音樂劇《歌劇魅影》之綱

13 見《梨園天神》節目手冊，1999年。

14 蘇珮瑤：〈七子調的歌劇魅影——唐美雲歌仔戲團創團作梨園天神〉，《PAR 表演藝術》第75期（1999年03月），頁26。

> 架，再刪去劇院工作人員連續離奇死亡的情節，以小風樓老闆率領夥計捉鬼的情節取代之，並將原劇的「戲中戲」由三場精簡為一場（中秋詩會），而後部分參照勒胡小說的情節，例如茶孃假扮黑影鬼、寫信勒索酒店老闆，以及黑影鬼成全男女主角戀情的結局。[15]

事實上，《梨園天神》改編小說的部分除了黃千凌所言之外，在人物與情節方面，編劇家都作了大幅度的更動，像小說中男女主角的性格與遭遇，人物與其對應之身分地位，故事場景與情節鋪敘等等，都與原著大相逕庭。簡單來說，《梨園天神》可說是汲取小說的精神而進行大規模的編創工程。而這樣的修編在跨文化的題材處理上究竟有哪些特色與困難，才是真正審視一齣戲的重要觀察點。畢竟跨文化的改編並不僅僅是在劇目上讓人耳目一新、曇花一現的眩技煙火，改編之後所注入的新元素究竟能為該戲曲劇種帶來多少新養分與新風格，才是值得我們關心的。

關於《歌劇魅影》改編之後在情節上出現的鬆動與變調，學者劉南芳曾提出「基調歡樂，主角變配角」與「偶發事件多，劇情邏輯牽強」兩點看法，[16]前者是針對八場戲中，小風樓的王老闆戲分便佔有五場之多而且場場戲份吃重，另外假扮無影鬼的茶孃亦有極強烈的戲分，於是全劇在王老闆「裝鬼」、「抓鬼」的笑鬧聲中，刻意製造趣味效果。對於丑角戲份比例過重的問題，劉氏提出如下看

---

15 黃千凌：《當代戲曲跨文化改編（1981-2001）》，臺灣大學戲劇研究所碩士論文，2001年，頁60。

16 劉南芳：〈電視劇乎？歌仔戲乎？評梨園天神〉，《PAR 表演藝術》78期（1999年6月），頁50-51。

法：

> 丑角在劇中極盡表演之能事，佔去了大量的篇幅，相對的，主人翁的戲份便要受到影響；不僅受到影響，有時還要牽就丑角的表演效果，讓劇中的主人翁淪為配角。……這種趣味性在劇場中會引來觀眾的「笑果」，因此編導不厭其煩地使用這種手段，每隔一段時間，觀眾便可以看到一段鬧劇。整齣戲中，我們看不到劇情的張弛跌宕、看不到衝突的運作，只是一味的追求劇場「笑果」，無意之間已經將戲劇結構支解得破碎不堪。[17]

誠如劉南芳所言，《梨園天神》中丑角的戲份過重，有時甚至鋒芒還搶過男女主角，使得原本歌詠愛情的基調，變調為追求笑鬧詼諧的趣味「笑果」，而與原著《歌劇魅影》有了最大的不同，那就是丑角的地位被強化了，喧賓奪主的結果便是劇情主軸結構受到肢解破壞。不過，我們試著回到劇種屬性來看待此一問題，歌仔戲之所以活潑多樣、草根性濃厚，丑角的詼諧逗趣一直是扮演著重要地位。歌仔戲若沒有了丑角的插科打諢，彷彿就像一道料理少了調味，再精美的食材經過精緻烹煮，一但少了椒鹽，還是令人感到索然無味。編劇家就像料理主廚，這椒鹽醋味就究竟該放多少才是恰到好處，就看個人經驗與創意，過多則搶走食材原味，過少則無法提升食材的美味，這其中的拿捏可謂不得不謹慎。當然將一切歸本於歌仔戲通俗自由的表演形式之下，似乎只是將問題縮小了，而這

17 劉南芳：〈電視劇乎？歌仔戲乎？評梨園天神〉，頁50-51。

樣一齣經典文學作品最動人的核心情感與藝術價值就被遮蓋了。原著中華麗帶著陰暗、喧鬧中帶著孤寂的氣氛，要如何融入歌仔戲之中，確實需要再多思考。

至於劉南芳提出的「偶發事件多，劇情邏輯牽強」，主要是針對劇情中鬆動且不合理的部分有感而發，她提到《梨園天神》中的重要轉折場往往是靠「偶發事件」的產生來推移劇情，像是後臺突然有上吊、無影鬼恐嚇取財、王老闆突然決定舉行「中秋詩會」、白文卿高中要馬上赴會、茶孃突然想到小風樓有一個秘密山洞等等，這些對劇情具有決定性的影響力，卻都是在無跡可尋的情況下發生[18]。劇情的鬆動或或許是《梨園天神》最值得商榷的部分。

關於《梨園天神》的未逮之處，筆者以為編劇在人物設計上亦有些值得討論的空間，人物設計不夠深刻便容易流於空洞平面，影響所及主題意蘊也會相對減弱。尤其是在劇中三位主角的形象設計上，出現許多漏洞與突兀的情感，似乎淡化了原初愛情的美好。唐美雲在戲中以「一趕二」方式，同時演出英俊書生以及面容醜陋的黑影鬼，顛覆傳統小生不能醜扮的既定形象，也為這齣新戲製造不少話題。但是一趕二的演出，若沒有縝密的設計很容易讓劇情流於鬆散瑣碎，充其量可以看到演員變裝轉換角色的功力，但若無法為劇情的推移造成更大的張力，反而會使得戲劇節奏鬆動而顯得支離破碎。其中最嚴重的部分莫過於最能帶動全劇高潮的結局，白俊卿、烏俊才、芙蓉三人的愛情糾葛正要深化釋放時，礙於唐美雲一人扮飾兩角，在舞臺上只能選擇扮飾一位人物，編劇讓烏俊才與芙蓉演對手戲，烏俊才在沒有與白家卿正面交鋒的情況下，突如其來

18 劉南芳：〈電視劇乎？歌仔戲乎？評梨園天神〉，頁50-51。

的了悟一切看破紅塵，便成全白家卿與芙蓉，然後又以自盡方式結束一切衝突，這結局讓人有些摸不著頭緒。一趕二的演出方式，造成白俊卿、芙蓉與烏俊才三角關係在結局上戲劇張力大幅削弱，無法呈現三人糾葛的情感，以至於讓人物形象流於呆板，「一趕二」的演出恐怕是票房效益大於實質在舞臺上發揮的效果。

另外，女主角芙蓉的心理刻劃亦流於表象，在兩位男主角的蠻橫爭奪之下，芙蓉可說是三心二意，前一場戲還忠於訂下婚約的白家卿，後一場戲又對烏俊才「以身相許報深恩」。擺盪在兩男之間，輕易的以婚姻作為承諾，讓人無法明白芙蓉同意嫁給烏俊才究竟是出於同情、權宜或是對白家卿的失落，這樣忽略自己真正的感受，不僅和中國傳統女性的堅貞形象大不相同，也和現代觀眾心中的女性自主形象完全不符。雖說編劇有意歌詠愛情的高尚，而讓烏俊才與芙蓉重唱那一聲聲對世俗的慨歎：「世間何物為至寶？權勢高，金銀好，聚散容易，時去如潮落。天涯海角有盡頭，不如花間蝶，春意多。」這樣美麗的雋詠是如此的扣人心弦，但由於兩人情感的鋪陳不夠，情緒堆疊不足，再加上情節結構的鬆散與人物形象的無法深化，卻讓這樣的愛情主題無法有效發揮，實為可惜。

第三節　《梨園天神》的二度改寫：《梨園天神桂郎君》的誕生

2006年唐美雲再次以《歌劇魅影》為素材，推出《梨園天神桂郎君》，有別於《梨園天神》，這齣戲以大量國樂為背景音樂，挑戰觀眾的悅聽世界，不僅調和了戲劇的情感濃度，在臺北市立國樂團新編曲調的烘托與潤澤之下，整體表演的精緻度和藝術性都大幅提升。

為何會有《梨園天神桂郎君》的推出，從當時的演出節目手冊中〈迷離而纏綿充滿自信的東方 Phantom《梨園天神桂郎君》的創作緣起〉一文，可以獲得答案：

> 2006年初，正宗《歌劇魅影》到臺灣。音樂劇在臺灣火紅的一年，唐美雲歌仔戲團想重製1998年的創團大戲《梨園天神》，有些人充滿憂慮。「他們說，我們沒有人家的全球化資源，卻要演取材自 Phantom 的《梨園天神》，一來擔心檔期太近的票房排擠效應，二來也怕人家說歌仔戲東施效顰」，但向來藝高人膽大的團長兼藝術總監唐美雲一點都不怕。……唐美雲說：「很多人私下問我，我們的團怎麼可以組合這麼精彩的人才！」她相信每種藝術表演形式都各有所長，歌仔戲的長處在「歌」、更在「戲」，所以她很有把握可以說出不同於華麗的《歌劇魅影》的故事。
>
> 唐美雲剛開始和劇院談整編《梨園天神》的時候，本來是藉著挑戰舊作來見證九年來劇團累積的創作能量，沒想到後來她陸續邀到實力派歌手萬芳、音樂劇《梁祝》的作曲家鍾耀光，最擅長量身訂作的編劇家施如芳一下子靈感泉湧，除了原劇中那座歌樓的名號「小風樓」沒動外，從人物、情節到口白、唱詞，全都拆了換新。[19]

《梨園天神桂郎君》的誕生除了是趕搭歌劇魅影列車，也是唐

19 參見《梨園天神桂郎君》節目手冊，2006年。

美雲驗證九年來劇團所累積的實力，透過同一題材兩次公演來向大眾證明劇團的堅強實力，向世人展現東方臺灣版的音樂劇。對於劇團而言，同一題材的兩度創作，勢必挑戰著整體團隊的實力，其中編劇更是扮演著整齣戲重要的靈魂人物。再次投入該劇的編劇施如芳表示：「我必得更往人物的靈魂深處走去，那兒才有足以驅動我投入的新挑戰，在這新版中，我撇下『萬般皆下品，唯有讀書高』的意識形態，全力刻劃兩顆激越的藝術心靈在黑暗中互放的光芒。」[20]不論從劇團的實力展現或是劇作家對於舊作的新省思，我們都可以看出相隔七年，《梨園天神桂郎君》試圖挑戰舊作《梨園天神》的決心與企圖。

舊作與新作除了「小風樓」茶樓沒變之外，其他的劇情全都重新編排創造。和電影一樣採取倒敘手法，整齣戲由桂郎君舊地重遊切入，再由雲英初到小風樓和桂郎君相遇作為故事主軸，還加入桂郎君身世的完整交代。與《梨園天神》最大不同之處在於丑角戲份減少，枝微末節的情節也刪除簡化，戲劇焦點集中在三人的情感拉扯上。從編劇的角度來看，《梨園天神桂郎君》不僅是東西文化的再次碰撞，以歌仔戲音樂劇的形式重塑韋伯《歌劇魅影》，要如何蘊含新意，舊作與新戲之間的拉鋸要如何處理，才能「整編舊戲，創造經典」，這是一項具有難度的挑戰。

如何能超越舊作，並且在原著的基礎上行進改編與創新，確實是一個棘手的難題。不過放下舊作缺失的同時，也正是創新的起點。關於跨文化改編時改編者心中那把尺該如何定奪，Catherine Diamond（戴雅雯）於〈臺灣劇場跨文化改編〉中曾提出：

---

20 參見《梨園天神桂郎君》節目手冊，2006年。

> 只要是改編就會涉及融合與剝離的問題，導演／改編者必須定奪哪些外國要素應該保留以獲致某種疏離效果，又有哪些要素應該加以融合並順利轉移。然而這一個步驟應該是改編者必須掌握自如的，而不是聽任船到橋頭自然直。[21]

跨文化改編確實需要面對兩種文本的融合與剝離，兩種文化交融的過程，並非平行輸入的套用，而應當是要以更超越的技巧順勢轉移，方能成就一個完整而具有編創特色的作品。據此而言，《梨園天神桂郎君》可說是跨文化編創作品中，相當具有水準的一部。以下筆者擬從《梨園天神桂郎君》有別於原著《歌劇魅影》的角度，來談《梨園天神桂郎君》在跨文化編創上所展現的幾點特色：

一　從中國文學作品擷取精神

編劇施如芳曾表示，故事的梗概雖源於《歌劇魅影》，但她的構思卻是從屈原〈九歌〉中那種纏綿的神人之戀切入，因為「那種若即若離的美感和神人關係，才是屬於東方的」。[22]《歌劇魅影》中的魅影，是界於天使與魔鬼之間的形象，而在《梨園天神桂郎君》中，編劇施如芳巧妙將其形象轉化為中國文學中的神與靈，那「余處幽篁兮終不見天」的形象恰恰給了「桂無明」一個東方基調的色彩。將西方的愛情故事轉化為東方的若即若離美感，於是乎，《梨園天神桂郎君》整部作品也就瀰漫著深邃、幽微、曲折、婉麗

---

21 Catherine Diamond，呂健忠譯：《做戲瘋，看戲傻：十年所見臺灣劇場的觀眾與表演（1988-1998）》（臺北市：書林出版社，2000年），頁19。

22 參見《梨園天神桂郎君》節目手冊。

的情調，一股彷若屈原〈九歌〉的情懷瀰漫戲劇之中。編劇化用屈原《九歌》〈少司命〉，如雲英和桂無明初見面時，雲英誤以為桂郎君是神，兩人唱道：「悲莫悲兮生別離，樂莫樂兮新相知」，雲英又唱：「（桂郎君）忽然眼前，忽然天邊，來無言語，去無相辭。伊可是攬轡載雲旗？」以〈少司命〉神人相戀的迷離意象，帶出雲英對桂郎君的想像。

劇中的桂無明，有著神靈般的氣質也有著凡夫俗人的情感，當桂無明遇見雲英時，他說：「我在她的歌聲之中，看到一隻無枝可棲的孝鳥。琢磨璞玉展靈性，我可藉她宣揚我美名。」為了取信於雲英，自稱是顧守梨園的天神——桂郎君，並受亡父所託前來幫助雲英。思父心切的雲英在面對桂郎君「瞻之在前，忽焉在後」的神祕身影，更以「事君當如親女兒」來對待這位神靈形象的神祕客，並總是以《楚辭》中的美麗辭藻去想像桂郎君的外貌。而桂郎君則以「居高臨下一盤棋」來看待「花落歌樓命定數，一片冰心在玉壺」的雲英，一件事情兩樣心思，居高臨下與事君如親的差別正是桂無明尚未敞開心胸的證明。在雲英面前，桂無明一直以為自己是神，但當桂郎君發現自己竟為雲英神魂顛倒時，他是震驚和欣喜，而這一路的心境是從人到神，再從神回歸到人的歷程。編劇為桂無明的這段心情轉變精心設計了大段唱白：

（唱）梨園之中自封爵　贏得佳人為芳容
　　　曲終人散來赴約　不再孤芳自賞
（白）本來以為我會高高在上　她會唯命是從
（唱）口傳心授　音樂是我的詛咒
　　　鬼迷心竅　我竟為伊情依依

（白）她唱曲的時候

（唱）容光煥發無二心　御風千里譜繡錦

如同深淵一身臨　伊無所畏　我暗沉吟

（白）原來她才是下凡的天仙

（唱）仙樂飄飄　多少月光暝

動了凡心　我意亂情迷

拜倒在伊石榴裙下　憶想搖盪的金鳳釵[23]

發現自己竟動真情的桂無明，在察覺自己不再是高高在上的神靈心境，也只能自嘆「哪有半點呼風喚雨的氣概，我是為情所困可憐的奴才」。而這段神人相戀的幽微情感也正式宣告回歸到凡人情慾的占有與忌妒，面對情敵姚虔，桂無明也就能侃侃而談的從歷史教訓（唐伯虎點秋香、陳世美負秦香蓮）到現實分析（「迎新去舊在眼前」），來批評書生自古多情的負面形象。這部分不僅是原著《歌劇魅影》所沒有的思想，也是編劇所謂「撇下『萬般皆下品，唯有讀書高』的意識型態」的表現。（關於姚虔書生形象的削弱將於下文再作進一步討論）

此外，編劇以中國文學入戲，擅於將古典文學加以化用與提煉，在劇中多有展現。舉例而言，桂無明第一次見到雲英時唱道：「未成曲調先有情」，雲英唱：「輕攏慢撚抹復挑」，是來自白居易〈琵琶行〉；又如，桂無明劇中所唱：「飛鴻踏雪泥，平生何曾任故居」則是化用了蘇軾的〈和子由澠池懷舊〉。

23 《梨園天神桂郎君》DVD（臺北市：武童文化出版社，2006年）

二　從東方的親情人倫重新出發

《歌劇魅影》中對於親情的描述僅有克莉絲汀對父親的懷念，關於魅影的出身卻以極其殘酷的手法交代，一個顏面傷殘的孩子注定被拋棄淪為馬戲團玩物，展開一生暴戾恐懼的人生。對於這樣的文化觀點，編劇家施如芳試圖跨越東西文化差異，強調東方文化親情的特殊性，而增加桂郎君的身世之迷，更重要的是以一整幕戲來刻畫一位天人交戰、猶豫不定，卻又無可奈何的父親捨子的劇情，關於這幕戲的創作動機，施如芳曾表示：

> 我們文化裡的親情關係比西方家庭更緊嚴，家中出了一個怪胎所承受的壓力，會比西方更恐怖，這也是《桂郎君》另一個有別於《歌劇魅影》的東方情懷。[24]

於是這幕戲有了「山林狩獵、夫人生子、王爺花園長嘆、山野捨子」等情節。甚至還從舒伯特以歌德詩作〈魔王〉寫出的同名藝術歌曲中獲得靈感而發展出一段插敘，藉以刻劃東方魅影「桂郎君」的身世。[25]〈魔王〉中一位救子心切的父親穿越暗夜中的森林，懷中羸弱的孩子沿途不斷看見、聽見魔王的召喚，父親一方面在馬背上趕路，一方面撫慰不安的孩子，無奈最終孩子死於父親懷裡。那森林裡鬼魅陰森的氣氛、魔王與孩童之間的對話、父子親情

24 見節目手冊〈迷離而纏綿充滿自信的東方 phantom《梨園天神桂郎君》的創作緣起〉一文。

25 見節目手冊〈迷離而纏綿充滿自信的東方 phantom《梨園天神桂郎君》的創作緣起〉。

的割捨，給予編劇創作上的靈感，於是轉化到《梨園天神桂郎君》，我們看到桂王爺棄子於山林，而有了山神寓言的情節。

其實山中本無妖魔，妖魔只在桂王爺自己心中，他的兒子並不是被任何外力奪去而是被他所拋棄，但這真相過於痛苦，他的心不能想、也不能承受。一個顏面殘缺的孩子從他生命中徹底消失，真的就能夠扭轉人生，從此船過水無痕？還是棄子的傷痛會永遠心繫一輩子，永遠得不到救贖？我想這是編劇所提出的人倫親情問題，天下父母心，割捨得掉親情卻割捨不掉一輩子的悔恨與思念。而被遺棄的孩子又是如何看待自己的命運，編劇在最後一幕桂無明對著雲英自述身世時說道：

（白）因為我是個被詛咒的人　我生做這種模樣
　　　連我親父母都
（唱）看我奇形怪狀染心病　放我深心林內去問天
　　　船過無痕伊哪管我生死　重生貴子蘭孫傳宗基[26]

被遺棄的孩子一輩子也無法原諒父母，而被否定的生命所帶來的強烈自卑感，讓桂無明認定自己是被詛咒的，沒有了父母的愛，生命的空缺是如何也填不滿的。對於親情之間的糾葛與拉扯，這部分是原著所沒有處理的部分，而這也是《桂郎君》東方情懷的深沉思維與獨特之處。

如上所言，「東方情懷」是這部作品與原著最大的差異與可貴之處，凸顯出親情在人性扭曲乃至於愛情變相衝突中所扮演的角

26 《梨園天神桂郎君》DVD。

色，而失去親情的桂無明無論是如何的冷漠、孤傲、忌妒與占有，似乎也都可從失去父母親之愛的缺憾中得到觀眾的同情與悲憫，桂無明的形象因而增添更多生動的刻劃，成功塑造這位讓人害怕又讓人疼惜的人物。

三　才命相妨的省思

「才命相妨」此一觀點的提出是桂王爺棄子於林中，山神對於桂無明命運所道出的寓言，身懷曲才不但不是上天給予的祝福，反而可能會是一種詛咒，因而聞此寓言的桂王爺才會激動地說：「才命相妨無限恨，天害孽子太可憐，人間地獄不見日」。桂無明有著足以傲視梨園的好曲藝，但卻因為天生顏面的殘疾，飽受外人的鄙視，讓他一身的好天賦只能躲藏在暗無天日的地洞，無處可發揮。「才命相妨」讓桂無明的內心產生極大的矛盾，自恃與自卑的交錯心理，架構出他的人格，而這樣的人格也提供了後續故事發展的一個穩固基礎。

為鋪敘此一命題，編劇以大量抒情唱段加強角色形塑，末場桂無明拆下面具自述悲慘過去，對於當年在林中救起他的養父（駝背樂人），他內心的仇恨遠超過養育之情：

（白）那駝背樂人　他為什麼要救我
（唱）從此斷絕父子情　為顧全伊高貴門風將我犧牲
若是冥冥中早註定　樂人自作主張定我一生
伊先天殘缺終生是異類　在世間受辱無是非
我超凡奇才被人呼為鬼　指天突地無明能怨誰

伊作主亂改生死簿　我忍辱偷生恨當初
光天化日受盡椎心苦　不如遺世獨立住酆都[27]

這段唱段彷彿也為自身的「才命相妨」下了一個註腳。駝背樂師救起襁褓中的桂無明，又教他學琴唱曲，空有一身才藝的桂無明卻只能躲在暗無天日的地洞，既無人能欣賞，又無人能與之分享這些才華，這些才華就如同廢紙一般，有才無命的捉弄讓他內心憤恨不已。「才命相妨」思維的提出，更加深化了桂無明悲劇性格的一生。

四　為遺憾的愛情重新尋找出口

在《歌劇魅影》劇末，克莉斯汀用愛融化了仇恨的魅影，讓魅影明白愛不是佔有而是成全，魅影懂得放手也才真正獲得了克莉斯汀的愛，這樣深沉的情意，這樣刻苦的領悟，成就了這部偉大而動人的愛情詩篇。而這樣的愛情在《梨園天神桂郎君》中卻有了完全不同的詮釋方式。

《梨園天神桂郎君》編劇有意強化桂無明形象，但卻相對的削弱了書生姚虔的戲分，使得原本的愛情三角關係發展到劇末時，成了桂無明與雲英的對手戲，姚虔猶如魁儡，完全無法與桂郎君抗衡，乃至於無法在情感上或劇情上產生衝突及張力，筆者認為這是稍嫌可惜的。但由於劇情並未在桂無明成全雲英及姚虔這部分就此打住，而另外發展出一段桂無明與杏兒的故事情節，恰巧補足了稍弱的結局。

27 《梨園天神桂郎君》DVD。

杏兒是編劇在第一幕一開始便安排的人物，他是小風樓老闆的女兒，因為聽聞桂郎君的傳奇故事之後，便沉迷於此一故事而終日恍恍惚惚。杏兒在《梨園天神桂郎君》中是一位相當特殊的人物，時而在劇中，時而在劇外，而這角色也是最能跳脫《歌劇魅影》框架的人物。劇中由萬芳詮釋的杏兒究竟代表什麼？是瘋癲女人（有《暗戀桃花源》中「尋找劉子驥的女人」的意味）？還是全劇中最清明透徹的女人？是舞臺上另一個雲英？她是桂無明的知音？或者她是桂無明心中愛的對象？既有著旁觀者角度，卻又有著全知觀點，她可以與桂無明對話（劇末杏兒對桂無明說：「你真的要讓她走？你可知道——（唱）此時此地，一別隔天涯」），她也可以是桂郎君心中的聲音（桂無明最終明白如何愛人時，杏兒幽幽唱著：「情到深處淚成海，形駭不再放浪，不再放浪形骸」）？

編劇將杏兒這人物運用於三個層面，第一層是宛如「說唱」故事的人物穿插於劇情中（處於全知觀點），第二層是桂無明心底聲音的展示，在內心情感的鋪敘上替桂無明發聲（似乎桂無明的心思只有杏兒最懂），第三層則表現於劇末，杏兒以一幻二成了雲英的投射（不過究竟是杏兒自己投射為雲英？還是桂無明將杏兒投射為雲英？則留待觀眾自行想像）。

編劇利用空間重疊並置的方式，處理了杏兒與桂無明之間跨越時空的惺惺相惜之情，使得杏兒可以來去自如於劇情之中，成為最明白最懂得桂無明的女人，補足了桂無明心中對愛情的缺憾。尤其在劇末杏兒如夢初醒般直奔地宮，找尋到桂郎君，編劇以「破鏡重圓，暗中換流年」這般夢幻、想像的浪漫手法給予美好的結局：桂無明臉上的傷殘疤痕消失無蹤，杏兒與桂無明像是失散多年久別重逢的佳偶，兩人相視繼而相擁。

編劇將原著淒清哀愁的情調轉為「真愛救贖奇蹟」的大團圓，這樣的處理或許會讓觀眾大為驚奇，有人喜愛有人則難以接受。[28] 筆者倒是想在本文提出另一個思考方向，提供參考。桂無明沒有了外在的醜貌，是杏兒的幻想（因為杏兒對桂無明有愛意，所以忽略醜陋的外在形貌），還是桂無明因為懂得放下，心裡有了愛，所看見的再也不是自己的醜陋。桂無明擁有一顆良善的心，這顆因為感受得到自己在雲英心中地位與重要性，而重獲價值。佛教所謂的「相隨心轉」，提到人所表現的外在相貌是會隨著心態的變化而轉變的。據此而言，醜陋只是外貌，醜陋是心中有仇恨，當仇恨轉為愛，外在的醜陋也可能不再。除此之外，戲曲或民間故事也有許多諸如此類的情節，讀者也不會多此一舉的以合理客觀的角度審視之。

更何況文學作品本來就是作者情感的昇華，施如芳曾就創作劇本的心路歷程提到：「對我來說，每一部新編戲都始於混沌未明的想像，只能老老實實地跌撞進去，同劇中人行住坐臥活過一回，甚至，步步逼到懸崖撒手拱出底氣，他們才肯吐出『氣口』與你交心，容你在他們的人身缺憾上作文章。……筆下的劇中人們，豈是為了一次亮相而召喚我的？我總得在劇場的生滅不息裡，為他們爭個氣長！」[29] 這段話正道出編劇在創作過程中，事實上也是在與劇中人物進行一場情感交流。編劇以其浪漫、悠微的情絲牽動出這樣的想像，筆者以為是為劇中人物遺憾的愛情重新尋找出口。

---

28 筆者在課堂與學生分享《梨園天神桂郎君》，對於結局有學生喜愛，有學生不喜愛。不喜愛的同學多半認為杏兒與桂郎君的相愛太突兀，而且是多此一舉，是整部作品的敗筆之處；喜歡的同學則認為結局頗有《聊齋》虛幻迷離的風情，且欣於見到有情人終成眷屬的結局。

29 參見施如芳：〈自序：在劇場的光裡說故事〉，《願結無情遊：施如芳歌仔戲劇本集》（臺北市：聯經出版，2010年）。

五　三度空間流轉的堆疊

承上文，杏兒在這齣戲填補了缺憾的愛情，而穿越時空的愛情如何能實踐，如何能彌補，如何能連結，這之間編劇的妙筆正是縫補時空的巧手。細推《梨園天神桂郎君》我們可發現整齣戲是由三度空間堆疊出來的：小風茶樓、曾經發生在小風樓的傳奇故事、桂郎君的身世。由這三層空間所營造出來的戲劇人物分別是：店小二與杏兒、杜無明與雲英及姚虔、桂父及山神。第一度空間是由蔡振南所扮演的小風樓店小二，以說書人角色來為整齣戲揭開序幕，透過他「說故事」的方式來告訴觀眾曾經發生在小風樓的一段淒美愛情，並解釋小風樓老闆之女瘋癲的原因。接著第二度空間上場，陳述發生在小風樓的愛情故事，中間插敘第三度空間說明桂無明的身世。之後劇情再度回到第二度空間，並交錯第一度空間的人物：杏兒，讓第一度空間與第二度空間產生連結製造對話，而愛情這一主題也就順勢推向另一個想像的境界，一個可以超越美醜、超越時空、超越外在形體的愛情，於焉誕生。

三度空間的流轉堆疊不僅讓戲劇層次更豐富，戲劇節奏更明快，倒敘、插敘等手法的運用，也讓戲劇張力有了更大的發揮，這部分的巧思也讓《梨園天神桂郎君》有別於原著《歌劇魅影》，而有了屬於自己的說故事方式。

第四節　結語

從《梨園天神》到《梨園天神桂郎君》我們可以看到跨文化改編的困難與得失。尤其是透過同一個劇團兩次編創的過程，更可以看出製作團隊（尤其是編劇）在重新省思西方經典作品時企圖創新改造的勇氣。1999年《梨園天神》挾帶「西方歌劇的東方版」之有力宣傳，將歌仔戲與西方歌劇作了跨界融合，但卻因為仍脫離不了詼諧逗趣的本質元素，而喪失原著的深厚愛情基調。2006年東山再起的《梨園天神桂郎君》，不作跨界移植而是汲取原著精神，大膽的嚐試締結一個「迷離而纏綿充滿自信的東方 phantom」，是創新、是革新、是沉澱之後的重新出發。

有別於原著《歌劇魅影》,《梨園天神桂郎君》直接從中國文學作品中擷取精神，重新思考符合東方文化的思維，整部作品也就瀰漫著深邃、幽微、曲折、婉麗的情調，一股仿若屈原〈九歌〉的情懷瀰漫戲劇之中，編劇化用〈少司命〉神人相戀的迷離意象，帶出雲英對桂郎君的想像。而注入親情人倫，增加「山林狩獵、夫人生子、王爺花園長嘆、山野捨子」等情節，對於親情之間的糾葛與拉扯的探討，是有別於原著的部分，而這也是《桂郎君》東方情懷的深沉思維與獨特之處。

「才命相妨」的議題是有別於原著所拋出的另一個思維。「才命相妨」讓桂無明的內心產生極大的矛盾，自恃與自卑的交錯心理，架構出他的人格，而這樣的人格也提供了後續故事發展的一個穩固基礎。編劇為鋪敘此一命題，以大量抒情唱段加強角色形塑。

在愛情的命題上，《梨園天神桂郎君》不依循原著而為遺憾的愛情重新尋找出口，並利用三度空間流轉的堆疊，營造出迷離聊齋般的夢幻氛圍。編劇有意強化桂無明形象，但卻相對削弱了書生姚虔的戲分，使得原本的愛情三角關係發展到劇末時，成了桂無明與雲英的對手戲，姚虔猶如魁儡，完全無法與桂郎君抗衡，乃至於劇情張力減弱。但由於劇情並未在桂無明成全雲英及姚虔這部分就此打住，而另外發展出一段桂無明與杏兒的故事情節，恰巧補足了稍弱的結局。而劇中三度空間的流轉堆疊，不僅讓戲劇層次更豐富，戲劇節奏更明快，倒敘、插敘等手法的運用，也讓戲劇張力有了更大的發揮。

在《梨園天神桂郎君》作品中，可以我們可以細細品味出由抒情性、文學性與音樂性融合而成的一場饗宴，置身於當下的劇場裡，究竟是歌仔戲？還是音樂劇？似乎不再是那麼重要的問題。一首貫穿全劇的【且慢來】:「且慢來，且慢。舊腔記流年，哪勘時行新翻。對紅顏，且盡有限杯。一片傷心隨運轉，聲聲慢。此時此地，慢得日月閒。」這是桂無明傳授雲英的一首歌，這首歌可謂體現了《春江花月夜》的優美與哀傷，「江」、「月」年年有，「春江花月夜」卻只有一夜，良辰美景也有只有一幕，所以人一定要把握生命中的美好時光。這首歌除了蘊藏桂無明珍惜與雲英相處的片刻時光，也將觀眾拉進抒情、文學與音樂的愛情國度，與劇中人物一同體驗剎那即永恆的美好。正如王安祈教授提到《梨園天神桂郎君》這齣戲時所做的一段動人註解：

> 《梨園天神桂郎君》一段〈且慢來〉，也使這齣戲的價值拋開「歌仔戲改編自音樂劇」的話題糾纏，體現了自我獨立的文學意義。當文筆勾勒出了人心底層流動搖曳的萬縷千絲，當文筆能在抒情達意之上更體現意境，古今中外各種文學形式頓時相通。此時討論什麼「跨文化」或「劇種與語言特質」都是多餘的。[30]

30 施如芳：《願結無情遊：施如芳歌仔戲劇本集》（臺北市：聯經出版社，2010年），頁11。

僅以唐美雲歌仔戲團兩度創作改編《歌劇魅影》為例，來審視臺灣戲曲界跨文化編創的困難與得失。我們不難發現臺灣戲曲的現代化，讓戲曲增添了許多新的元素，也讓戲曲界變得更加活躍多元。只是在轉變的同時，或許也需要考慮很多方向，比方東西文化的差異、原著劇本與改編本的平衡、劇種的特殊性等等，這樣才不會讓觀眾難以適應。所謂成功的改編，應當是新意與舊意的完美調和，改編作品必須對原著作品的人物特質以及處境作微調，以求賦予劇情新的角度及意涵。傳統與現代並非涇渭分明的界線，而是相容相承的依附關係，現代由傳統而生，傳統因現代而進化，改編西方經典並非一味的借鑑西方以破除傳統戲曲的程式，而是期盼東西文化的衝突、撞擊、吸收與再融合的過程，能夠回歸審視自身藝術的價值，以釋出更大的藝術能量。

藝術是不斷吸收養分，然後繼續創造的過程。養分為何物？由何處而來？跳脫生活、環境與文化的框架之後，要如何在傳統戲曲的髓液中注入西方經典的新血，然後發散出更大的能量來刺激現有的思想與表演形式，劇作家正經由不斷的實驗企圖尋找問題的答案。

最後，請容許筆者稍稍插開話題，根據《中國時報》2010年3月11日「歌劇魅影續集勁爆　克莉絲汀、魅影一夜情生子」的報導，音樂劇《歌劇魅影》續集《愛無止盡》（Love Never Dies）在全球「魅迷」千呼萬喚下，9日於倫敦艾德菲劇院（Adelphi theater）首演，韋伯在《歌劇魅影》上演二十四年之後再度創作。看到這樣的報導相信令許多觀眾感到震撼與驚喜，一部經典作品也會跟上時代潮流注入大膽議題，顛覆劇中人物形象，可說是重新開啟與觀眾之間的對話。即便是韋伯都會對於自己的作品再進行演繹，誰說同一部作品不能有續集，或者是對前一步作品提出質疑，給予另一個截然不同思索的角度，重新看待原劇情中的悲歡離合與愛恨情仇。《愛無止盡》之於《歌劇魅影》是如此，《梨園天神桂郎君》之於《梨園天神》亦是如此。

第六章

臺灣拱樂社錄音團及其跨文化現象之探討[*]

第一節　前言

由於政治因素，歌仔戲的跨文化現象可上推至日治時期。1937年七七事變之後，日本殖民政府開始改變對臺灣的態度，尤其在1941年太平洋戰爭爆發之後，更是大力推行「皇民化運動」[1]，舊戲的演出遭受取締，大凡演出傳統戲被日本文化官員查獲，就勒令解散，全臺灣的歌仔戲團只剩改演「改良戲」的少數劇團苦撐著。而當時的改良戲，是被要求改穿和服演出歌仔戲，表面上雖然是「皇民化劇」，但其內容本質仍為歌仔戲，只是把朝廷改為公司，皇帝改為董事長，腔調一如歌仔戲的曲調，但因不被允許使用武場

* 本文初稿〈臺灣拱樂社錄音團研究〉，宣讀於廈門「兩岸歌仔戲藝術節學術會議」（2004年8月25日）。刊載於臺北市立師範學院《應用語文研究所學報》，第6期（2004年）。今重新予以大幅度修改補充收入本書。

1 日本殖民政府治理臺灣的五十年，所採取的同化步驟可分為三個時期：1895年至1918年為第一個時期，此時期抗日風潮四起，日本殖民政府除了制止一切抗日行動外，完全採取「安撫政策」；1918年至1937年為第二個時期，此時日本國勢增強，臺灣人民因時代與社會變遷，加上教育普及，因而民智大開，日本殖民政策為同化方式，高唱「內臺如一」：1937年至1945年為第三個時期，太平洋戰爭爆發，日本政府為促使臺灣人民全力支持戰爭，在臺灣大力推行「皇民化運動」。參考《臺灣史》第八章〈日據時期之臺灣〉（南投縣：臺灣省文獻會出版，1977年）。

的鑼鼓點，只能配上留聲機代替。此時歌仔戲演出日人所編寫的「改良戲」:《一死報國》、《母性光輝》、《鞍馬天狗》、《水戸黃門》等，還有改編自日本小說及電影的《龍俠黑頭巾》、《神州天馬俠》等。改良戲的演出，無論是劇本還是演出風格都已經與傳統表演方式迥然不同，雖然是囿於政治因素所做的演出，殖民意味濃厚，但已經可視為歌仔戲進行跨文化融合的改變。而日本文學作品《里見八犬傳》、《宮本武藏》、《冰點》也成為歌仔戲走入內臺後時常挪移借用的題材，形成後殖民色彩濃烈的風格。

外臺歌仔戲的胡撇仔戲從劇目、劇情、音樂、演員的妝扮，涵容了臺灣、西洋、日本等多種文化元素於其中，大量吸收新劇、歌舞劇、西洋音樂、電影素材，形成跨文化的多元表演風貌。1960年代「日月園劇團」與「新南光劇團」參與電影歌仔戲的拍攝，所推出的《一千零一夜》、《新天方夜譚》(日月園劇團)、《阿里巴巴四十大盜》(新南光劇團)也是吸收西方故事轉化為歌仔戲的跨文化現象。[2]

電視歌仔戲時期，開始朝向歐美文學作品取材，1980年由小明明主演的《臥虎藏龍》即是改編自《羅密歐與茱麗葉》。[3]可以見得，吸收國外的文學與音樂，將之融入戲曲表演藝術中，可說是歌仔戲廣納各種元素的劇種特色之一。移植國外劇作雖是創新傳統戲曲的一個方向，但這對於活潑多樣、創新變異的歌仔戲而言並非難事，甚至早有脈絡可依循。

---

2 參見施如芳：《歌仔戲電影研究》，第三章第二節〈歌仔戲電影的發展〉，國立藝術學院傳統藝術研究所碩士論文，1997年，頁56。

3 參見石光生：《跨文化劇場：傳播與詮釋》(臺北市：書林出版社，2008年)，頁100。

「拱樂社歌仔戲劇團」，一個位於雲林麥寮而曾締造臺灣歌仔戲王國的劇團，同時跨足內臺歌仔戲、電影歌仔戲與電視歌仔戲。就在拱樂社如日中天的60年代之初，團長陳澄三先生首創歌仔戲錄音團表演風格，使得拱樂社劇團由一團擴充至七團，表演足跡遍及全臺，影響所及，臺灣其他歌仔戲團也紛紛效法。就在電視歌仔戲逐漸盛行之際，陳澄三便把錄音團的錄音帶連同招牌一起出租給外臺戲，於是打著拱樂社旗幟的外臺戲班也以錄音團方式存在於南臺灣。隨著社會環境的變化，外臺戲錄音團，已建立出一套生存經營的方式，與獨特的表演風格，繼續活躍於廟會文化之中。拱樂社團長陳澄三先生當年開創的錄音團，不僅讓拱樂社成為一個企業化經營的龐大歌仔戲劇團，也讓往後幾十年來的臺灣歌仔戲史，留下一頁有別於傳統戲曲表演的錄音團歌仔戲，這種只舞不歌的表演，長期以來不被學界重視，藝界也以肉聲團為尊，但在社會文化遞變、經濟蕭條的年代裡，錄音團的創發卻留予外臺戲班一個存活的機會。在南臺灣的廟會活動中還隨處可見錄音團歌仔戲的身影，錄音團歌仔戲已是臺灣歌仔戲的一項特殊表演藝術。

承上述，陳澄三所創發的錄音團，在內臺歌仔戲銷聲匿跡之後，流播到了民間外臺劇團，反倒在外臺戲裡起死回生了。這期間是如何變異？當年拱樂社錄音團的演出內容究竟為何？歌仔戲史上這段只舞不歌的戲曲演出究竟是如何的風貌？這些問題在筆者田野調查時有了新發現與突破。高雄八仙歌劇團（原拱樂社正團）所保留的拱樂社錄音帶，給予筆者重新檢視與挖掘歌仔戲學術上尚待填補與勾勒的一段歷史風貌。究竟錄音團在臺灣歌仔戲史上扮演何種意義？拱樂社的錄音團演出有何風貌與特色？又拱樂社光復後紅遍內臺，是否有受到改良戲的跨文化影響？倘若拱樂社的演出有著跨文化風格，是否能夠藉由錄音帶的發現提出新的歷史視角？又其跨文化內涵為何？凡此種種都值得關注與留意的。

本文「臺灣拱樂社錄音團及其跨文化現象之探討」除前言與結語，將分為田野調查的發現：八仙歌劇團（拱樂社正團）、拱樂社錄音團之形成與發展、拱樂社錄音團之內容與特色、拱樂社之跨文化意義，四個部分來陳述。第一部分田野調查的發現：八仙歌劇團（拱樂社正團），將說明本文撰寫的機緣與過程。第二部分拱樂社錄音團之形成與發展，將介紹拱樂社歌仔戲團創發錄音團的過程，及其在臺灣歌仔戲史上的重要地位。第三部分拱樂社錄音團之內容與特色，將分為拱樂社錄音團的表演特色、錄音帶對劇本的承襲與更動、殘本及佚本的重新發現這三個方向來討論。第四部份拱樂社之跨文化意義，試著探究拱樂社的跨文化現象。

第二節　田野調查的發現：八仙歌劇團（拱樂社正團）

筆者多年前因主持國家科學委員會「臺灣歌仔戲百年發展史研究計畫」而時常南下田野調查，發現錄音團歌仔戲在嘉義、臺南、高雄等地相當受到歡迎，這種只舞不歌的表演風格能如此受歡迎，引起筆者相當的好奇。一次偶然機會獲得拱樂社錄音團的錄音帶，真讓筆者喜出望外，這些錄音帶雖殘破，但卻含藏著距今五十多年前，曾經風雲一時，流播在各地內臺戲院的聲音。

這批珍貴的錄音帶是由高雄八仙歌劇團（原拱樂社正團）團主周奕芳女士所提供。周奕芳女士的父親風水成先生（1925-1993）在60年代中葉向拱樂社承租招牌而成為「拱樂社正團」團長，當初的租借方式是以每個月繳交租金一萬元，承租盤帶及機器，戲齣不限定，數量也不限定，為期四、五年時間，之後周水成先生因盤帶播放不易，便拷貝成錄音帶以方便四處演出時攜帶。這批資料也因為改為錄音帶而保存於團中，一直到90年代「大家樂」沒落，外臺戲班難於生存，演員流動性高，這批拱樂社的錄音帶也隨之塵封沒落，十多年來不再演出。

據周奕芳女士表示，曾聽父親提及當初向拱樂社提出申請承租的劇團有十多個，除了他父親的拱樂社正團，還有拱樂社本團、拱樂社第二團、拱樂社第五團、拱樂社第六團、拱樂社第八團也都承租出去。後來拱樂社本團、拱樂社第二團、拱樂社第八團都已收團不再演出，有些劇團為求新穎也改去拱樂社名號，以吸引年輕觀眾群。拱樂社正團則因老團長周水成過世而由其女兒接棒，也改為藝霞歌劇團，之後再分團而命名為八仙歌劇團。

周女士所珍藏的拱樂社錄音帶共計196卷，15齣戲。這15齣戲分別為《清宮密史》、《父子干戈》、《丘寶金錢會》、《金銀天狗》、《德化萬惡》、《皇帝秘密》、《清宮》、《母在何處》、《王寶釧》、《復活玫瑰》、《神秘殺人針》、《小女俠紅蝴蝶》、《包公案》、《乞食王子》、《孤月獨明》。若將周奕芳女士所提供的這十五齣戲之錄音帶與國立傳統藝術中心所出版的「拱樂社劇本整理計畫」所收錄的劇本相比對[4]，其中《合寶金錢會》、《金銀天狗》、《德化萬惡》、《王寶釧》、《乞食王子》、《神秘殺人針》、《小女俠紅蝴蝶》這七齣戲所演唱的內容與「拱樂社劇本整理計畫」收錄的劇本一樣，而《皇帝秘密》、《包公案》經過比對，也與「拱樂社劇本整理計畫」的《皇

4　1998年邱坤良教授接受國立傳統藝術中心的委託主持「拱樂社劇本整理計畫」，於2001年將陳澄三家族捐贈給國家電影資料館的劇本加以整理並出版。

帝充軍》、《包公案孝子復仇》是劇名略有不同而內容相同的作品。又劉南芳教授在其《由拱樂社看臺灣歌仔戲之發展與轉型》第五章第二節中亦整理了拱樂社現存劇本目錄，[5]分為保存完整的內臺連本戲、內臺孤本戲、電視劇本，以及僅存四句連或是集數不全的殘本，其中周女士所提供的《復活玫瑰》、《父子干戈》、《孤月獨明》正列在殘本一類，此外《清宮祕史》與《清宮》內容一樣是同一齣戲，《清宮祕史》與《母在何處》這兩齣都是歷來前賢在整理拱樂社資料時所未發掘的。

沒想到當初出租招牌的商業行為，卻得以讓陳澄三家族所散佚的資料，在其他劇團中保存下來。而拱樂社錄音團的原音重現，不僅可以幫助我們重新認識錄音團的表演，更是可以提供學界勾勒那一段只舞不歌的錄音團歌仔戲年代。拱樂社依據劇本所錄製的錄音帶，為適應舞臺演出究竟是照本宣科？還是會進行更動？又無法規探全貌的殘本竟然在錄音帶中做了保留，這些作品究竟有著什麼樣的內容？而向來不為人知的戲齣藉著錄音帶的保存流傳下來，其內容又是如何？這些有待探究的問題，隨著錄音帶的發現，有了揭開面紗的機會。

為一清耳目，筆者將周女士所提供的拱樂社錄音團資料與邱坤良教授主持的「拱樂社劇本整理計畫」、劉南芳的「拱樂社現存劇本目錄」作一比對，整理出表格如下：

5 劉南芳：《由拱樂社看臺灣歌仔戲之發展與轉型》，東吳大學中文研所碩士論文，1988年，頁105-109。

周奕芳女士珍藏的拱樂社錄音帶	「拱樂社劇本整理計畫」的劇本	備註
合寶金錢會	合寶金錢會	
金銀天狗	金銀天狗	
德化萬惡	德化萬惡	
乞食王子	乞食王子	
神秘殺人針	神秘殺人針	
少女俠紅蝴蝶	少女俠紅蝴蝶	
王寶釧	王寶釧	錄音帶內容省去許多
皇帝秘密	皇帝充軍	兩者劇名不同，但內容相且
包公案	包公案孝子復仇	兩者劇名不同，但內容相同。為電視歌仔戲作品
父子干戈	劉南芳將其列為殘本一類	
孤月獨明	劉南芳將其列為殘本一類	
復活玫瑰	劉南芳將其列為殘本一類	
母在何處		
清宮祕史	與《清宮》內容相同	
清宮	與《清宮祕史》相同	

第三節　拱樂社錄音團之形成與發展

臺灣光復後，被禁梏多年的歌仔戲終於有了新的生命轉機，歌仔戲以驚人的聲勢迅速風靡全臺，歌仔戲劇團如雨後春筍般紛紛成立，全臺看戲風潮十分熱烈。1949至1956年臺語片興起之前，根據臺灣省地方協進會統計，至少有170個劇團在全省三百多家劇院演出，[6]而曾經在光復時期為歌仔戲演員後來擔任臺視歌仔戲導演的陳聰明先生，受訪時曾表示，光復時期是歌仔戲的黃金時期，當時歌仔戲班約有三百多團在全臺各地上演，[7]其中大部分在戲院內演出，少部分在外臺露天表演。北部地區的大橋戲院、雙連戲院、萬華戲院、新舞臺戲院、大中華戲院、永樂戲院、中和戲院；南部的光復戲院、大舞臺戲院、港都戲院等，都是當時規模較大的商業劇場。而北部的「復興社」，中部的「光華興」，南部的「中華興班」都是當時歌仔戲界相當有名的戲班。此時的內臺歌仔戲承襲1930年代內臺歌仔戲的演出方式，包括開演前會加演一段40分鐘的京劇做為號召，以及眩人耳目的立體化、機關化變景。劇團在戲院的演出檔期為十天一期，演出的劇情內容以十天為一個大段落，十天一結束馬上前往其他戲院演出。

然而在此巔峰時期，有兩項因素促使歌仔戲產生了大變化。其一是新組劇團的大量出現，造成演員需求量增加，由於新增演員並未受過坐科訓練，程度良莠不齊，劇團只能以新鮮刺激、玄奇怪誕的劇情內容來招徠觀眾，像《大鳥飛》、《大蟒食人》、《亡魂怪俠》、《金臺拜六棺》、《周公鬥法桃花女》等，不再強調唱作俱佳的演出內容[8]。其二是閩南「都馬劇團」來臺，引進【都馬調】（即邵江海等人所創的【雜碎調】和【改良調】）豐富了歌仔戲的音樂，都馬班又向越劇學習古裝妝扮，取代了傳統京劇路線。

1954年都馬劇團開拍16釐米臺語電影《六才子西廂記》，為臺

6 程其恆：〈從統計數字看影劇宣傳力量〉，《地方戲劇雜誌》創刊號，1956年。

7 參見王禎和：〈歌仔戲仍是尚未定型的地方戲——訪問陳聰明導演〉，《臺灣電視周刊》第742期，1976年12月。

8 參見王禎和：〈歌仔戲仍是尚未定型的地方戲一訪陳聰明導演〉。

灣第一部電影歌仔戲，雖因技術問題導致票房失利，[9]但卻是第一部國人自製的臺語片。同時期，美國電影、日本電影及香港35釐米國語彩色片電影開始攻佔臺灣市場，[10]美國的西部槍戰片、劍俠片，以及日本的武士電影，大受歡迎，影響所及歌仔戲票房一落千丈。當時的外籍電影由於語言的隔閡，多半得由「辯士」現場透過麥克風以閩南語向全場觀眾說明劇情內容，也就是說觀眾眼睛所看的影像，必須搭配上「辯士」說書般的演出，方能完成觀賞。既然有這層語言隔閡與中斷演出的說書，為何外語電影仍舊大受歡迎？這恐怕與外語電影題材的新穎，以及歌仔戲班迅速擴增，演員素質不齊有關。前者是異質文化所帶來的新鮮感刺激了消費者，新題材異文化可說為觀眾打開了一個全新的視野，就後者來說，匆促成軍的戲班難以表現傳統身段與唱腔，演員表現不佳，自然難有觀眾願意欣賞。

面對觀眾流失的問題，歌仔戲班為保持住觀眾，開始模仿移植美國電影及日本電影的部分情節與表演內容，演出《羅賓漢》、《鞍馬天狗》、《關東大俠》等。演員打扮成牛仔，腰際配戴一把左輪手槍，或身穿日本和服，手執武士刀。捨去鑼鼓、胡琴，使用西洋音樂，不唱【七字調】、【都馬調】、【哭調】，改唱【青春嶺】、【滿山春色】、【望春風】等流行歌曲。受到美國及日本電影工業襲臺的影響，使得歌仔戲再次出現劇本及演出型態的跨文化現象。

---

9 根據黃仁在《悲情臺語片》中描述《六才子西廂記》，當時「放映時銀幕模糊不清，因此放映三天便下片。」黃仁：《悲情臺語片》（臺北市：萬象圖書股份有限公司出版，1994年），頁4-5。

10 根據呂訴上《臺灣電影戲劇史》中提到1954年電影進口的官方統計，國語片、粵語片與廈語片達104部，歐洲與日本電影有100部。呂訴上：《臺灣電影戲劇史》（臺北市：銀華出版，1961年），頁56。

在眾多新成立的歌仔戲劇團中，由陳澄三先生所經營的「拱樂社歌劇團」無疑是當時最突出、最風雲的劇團。「拱樂社歌劇團」的成功歸功於陳澄三先生獨特的企業經營理念，在50年代初期，歌仔戲界的內臺戲還以傳統講戲方式演出時，陳澄三便請來陳守敬先生編寫新戲，完成《紅樓殘夢》、《金銀天狗》，並以「背四句五角錢」的方式鼓勵不識字的演員背誦記憶。以定型劇本的方式演出，果然讓「拱樂社歌劇團」紅遍全臺。挾著這股氣勢，陳澄三更乘勝追擊，有鑑於都馬劇團開拍電影歌仔戲，他突破現有電影技術拍起《薛平貴與王寶釧》。《薛平貴與王寶釧》共歷時五個月才完成，雖然這是一部「只憑一隻手提攝影機，和幾盞簡單的照明燈，再加上事後的配音」所完成的克難電影，[11]但1956年1月4日在臺北首映的當天卻造成大轟動，不僅戲院窗戶被擠破，播放的戲院還爭相加映，單就臺北二十四天內的票房收入就高達三十多萬，隨即中南部的播映也同樣盛況空前，《薛平貴與王寶釧》的票房甚至超越前一年在臺上映的彩色好萊塢電影《金字塔》及港產國語片《桃花江》，並連鎖效應的引發電影歌仔戲的拍片熱潮[12]。《薛平貴與王寶釧》之所以大獲成功，當時擔任該片製片的李泉溪表示：「好像走路走很久的人，口很渴遇到水井」[13]閩南語電影貼近自身文化，臺語片相較於國語片、廈語片、粵語片更能親近人民，以民眾熟悉的語言來拍攝電影，是民眾期待已久的渴望。此外，根據王亞維的分析，《薛平貴與王寶釧》大約使用520個鏡頭，遠遠超過同一時期港產廈語古裝片的三百多個鏡頭，敘事上也必須選擇以較多的鏡頭對

11 參見白克：〈薛平貴與王寶釧〉，《聯合報》第6版，1956年1月6日。

12 聯合報編輯，〈桃花江〉，《聯合報》第3版，1956年11月13日。

13 參見李香秀：《消失的王國：拱樂社》紀錄片，1999年。

於戲曲故事與表演進行切割，創造出另一種影像呈現。[14]採用精確的走位排練與事前規劃詳盡的分鏡作業，使得影像畫面更為豐富與完善也是受歡迎的原因之一。

1956至1958年「拱樂社歌劇團」的大部分資源都用來拍片，劇團的演員也都配合拍片演出，內臺戲的演出則處於半歇業的狀態。1958年「拱樂社歌劇團」的電影事業暫告一段落，陳澄三的事業重心又回到歌仔戲舞臺上，陳澄三有鑒於在內臺歌仔戲時期便因劇本運用成功，使得劇團組織、人事管理更加健全，自己對演出品質的掌握程度也更加提高，再加上幾年來參與拍攝電影的經驗，對於錄音、排演、配音頗有心得，於是開始規劃讓劇團朝向錄音團發展。

最早為「拱樂社歌劇團」錄音的演員是「錦玉己劇團」的杏雪、昭治、招雲及「拱樂社歌劇團」的班底演員。他們因拍完《金壺玉鯉》，隨片登臺在各地戲院演出內臺歌仔戲，這時拱樂社邀請陳守敬構思大綱、陳雲川編寫，完成《孤兒流浪記》、《亂世遊鳳》兩部新作，便在此時讓隨片登臺的演員演出。由於演員在舞臺上已經熟練這齣戲，陳澄三便利用舞臺在日間空檔的時間，展開錄音工作。據陳澄三先生的回憶，當時為了使錄音效果達到理想，不論是麥克風的遠近、音量的大小，樂器與人聲的配合，都經過數次的調整。要錄製一齣戲，除了唱腔之外，還包括賓白、文武場的配合，此外還需要預留舞臺上演員施展身段動作的時間，再搭配鑼鼓點。在錄音的現場，還需要考慮戲院的收音效果，避免腳步聲等雜音。[15]

14 參考王亞維：〈探索歌仔戲電影的產製環境與影響——以香港廈語古裝歌唱片為對照〉，該文發表於文化大學中國戲劇系「2018影像・印象戲曲傳播在當代媒體之回顧與發展國際學術研會」，2018年11月16日。

15 參考劉南芳：《由拱樂社看臺灣歌仔戲之發展與轉型》，東吳大學中文研究所碩士論文，1988年，頁58。

1961年10月16日，陳澄三在「拱樂社歌劇團」之外，再成立第二團，並以其夫人廖樹蘭的名義向教育廳申請登記，演員有連明月、連明華、小明素、張秀珠、小美智等人，第二團的成立象徵著拱樂社錄音團的時代正式來臨。而原來的「拱樂社歌劇團」便成為正團，繼續維持肉聲團的演出方式，採現場演唱，拱樂社第二團則採錄音團演出方式，以對嘴方式演唱。錄音團在臺中市郊軍功寮首演當天，因前後場搭配整齊，聲音清晰，觀眾反應十分良好。錄音團大獲信心後，開始向城市地區發展，戲院演出票房極佳，使得戲約不斷，受歡迎的程度甚至淩駕肉聲團。錄音團的成功讓陳澄三更加確定未來的經營方向，為提供市場的大量需求，他開始將所有的劇本都予以錄音。為了配合錄音團演出方式，拱樂社的劇本也做了改變，以往「內臺戲」分十天演完，每場演兩個半小時至三個小時，全都改為五天演一齣戲，一個檔期演兩齣戲，一天演兩個半小時。而為了提升錄音效果，不再利用戲院的空間錄製，特地在臺中闢建錄音室，錄音時先依據劇本排演套戲，由導演帶領演員唸劇本，計算演出時間，再搭配文武場作正式錄音。演員錄音完成後，導演再根據劇情需要在武打場面套上鑼鼓點，在特殊場景上增加音效，如雷雨聲、鳥叫聲、蛙鳴聲、嬰兒哭啼聲等。

錄音團成本低廉，經濟效益高，一個錄音團只需要有音響設備，不需要文武場，演員只要年輕漂亮，不需要有深厚的「腹內」，便能登臺對嘴演出，因此一個錄音團包括管事、演員、顧票等工作人員在內只需十六人左右，甚至連搭佈景、放電光的師傅也都可以參與演出跑跑龍套。有鑒於錄音團組團容易，1961年11月拱樂社又成立第三團，隔年又成立第五團，[16] 1963年成立第六團，1966年六月及八月分別成立第七團及第八團。從1961到1966年之間，拱樂社已完成所有的擴團工作。除了拱樂社本團仍維持現場演唱，其他六個團皆為錄音團，為提供六個錄音團的市場需求，拱樂社本團負責錄音，所錄製完成的劇目再交由拱樂社其他錄音團演出。為避免錄音團在各地演出時出現內容重複的情形，拱樂社於是大量創作劇本，以提供市場需要。而為了配合錄音帶的製作，新創作的劇本也都加強舞臺標示，諸如演員的身段動作、曲調唱腔、四句連口白、人物上下場、鑼鼓點等都詳細標注。

拱樂社錄音團的成功，立刻引起同業的效法，南部的「日光少女歌劇團」也以錄音團方式擴充至四團。此外，錄音團的表演方式在內臺歌仔戲沒落之後，仍繼續被保留在外臺歌仔戲中，而原本內臺戲錄音團所重視的錄音效果、華麗舞臺、機關變景與演員的整齊搭配，沿襲至外臺錄音戲團，卻因為演員流動性大、做功訓練不足、降低製作成本等因素而相對降低。當初陳澄三創發錄音團的動機與條件是與拱樂社的劇本創作、童伶主演及防止偷戲的考量有關，[17]現今臺灣的錄音團則因為大環境生存與經營策略的考量而非採取錄音團演出不可。為降低成本，解決演員流動性大的問題，錄音團以低於肉聲團一至兩萬元的戲金，以及不講求唱腔的快速培訓演員法，以應付內外環境的需求。至今，臺灣嘉義以南的地區仍然可見歌仔戲錄音團活躍於廟會慶典中。

---

16 因為劇團忌諱「四」字，因而跳過第四團。

17 參見邱坤良：《陳澄三與拱樂社》（臺北市：傳藝中心籌備處，2001年），頁82。

第四節　拱樂社錄音團之內容與特色

承上文，拱樂社錄音團是由拱樂社本團負責錄音，本團依據劇本所錄製完成的錄音帶再交由拱樂社其他錄音團進行演出。這些提供內臺演出的錄音帶，究竟有著什麼樣的內容與特色？錄音帶是完全比照劇本的內容錄製？還是會進行更動？而未受到拱樂社完整保留的殘缺劇本，現在筆者所收集來的錄音帶中竟有完整的呈現，這些作品究竟有著什麼樣的劇情？此外，向來不為人知的劇目藉著錄音帶的保存而流傳下來，其內容又是如何？這些問題都是相當值得我們去思考與探究的。以下將分為幾個方向來進行討論：拱樂社錄音團的表演特色、錄音帶對劇本的承襲與更動、殘本及佚本的重新發現。以下所引用的拱樂社劇本皆以「拱樂社劇本整理計畫」所收錄整理的為主。

一　拱樂社錄音團的表演特色

在聽過拱樂社錄音帶之後，筆者發覺其內容相當豐富，絕非三言兩語可以道盡，為了節省篇幅，筆者想就其中音樂的豐富與多樣先提出看法。拱樂社錄音帶中使用了大量的音樂，這些音樂包羅萬象，在演員演唱部分，除了傳統的【七字調】、【都馬調】、【哭調】之外，還有為數不少的臺語流行歌、國語流行歌、日文歌、京調、黃梅調等。在背景音樂部分，則是大量使用古典音樂、電影配樂、北管音樂、軍樂等，使用的樂器除了有傳統樂器，如：大廣弦、殼仔弦、鑼、鼓、笛子、嗩吶，也有西洋樂器，像：電子琴、薩克斯風、小提琴等。

這些音樂的使用往往有脈絡可循，傳統曲調的演唱通常安排於渲染人物的情感、交代人物的身分、省思人物的命運，最常使用的還是以【七字調】、【都馬調】為主。另外，京調的演唱也佔相當高的比例，劇中的老生、武生都喜歡來段京調，像《金銀天狗》第二本第二十九臺，年羹堯一登臺便來一段京調：「（倒板）號砲一聲震天響。（快板）大少三軍聽端詳，凱旋班師回朝綱，（搖板）平定青海威名揚。」歌仔戲演員以北京話唱京腔尚且令人能夠接受，不過倘若以臺語唱京調就顯得有些不倫不類了，像在《金銀天狗》第二本第三臺，三花杏仁茶一出場便唱一段京調：「（國語）當朝一品良將豪，三生侍奉五塊六，甘願來取杯酒，報聲快到（臺語）十指總開，開了某錢，走去覓得便所內」。第三本第三十四臺，林炳南一出場也是以臺語唱了一段京腔。類似這樣的表演，通常是安排在演員一上場自報家門時來表現，由於劇本中並未記載，因此很可能是錄音時導演臨時要求加入或演員自己即興加入的。

流行歌曲則運用於人物上場及人物過場，在人物上場及過場時，大多會來一段流行歌曲以說明自己的心境，此外在換幕變景或換場時也會來一首流行歌曲。像《金銀天狗》第二本第七臺小春登場，一上臺小春便演唱國語流行歌【薔薇薔薇處處開】。第二本第二十五臺玉郎、素秋兩人同時登臺，演唱臺語流行歌【滿山春色】。第三本第二十四臺玉蟬一登臺，感嘆自己命運多舛，便唱起流行歌：「命運不好……」。第一本第十三臺由楊玉郎、不吉、金彪、白蝴蝶、旗軍等人在幕外過場，作追趕動作便播放流行歌曲。第六本第二十七臺的山景換幕到第二十八臺的海邊景，也是播放流行歌曲【心所愛的人】。《神秘殺人針》第四本十七臺外幕連洞景，當夜明珠牽著白淮南在幕外等待幕開，兩人合唱著流行歌曲：「黃昏的太陽……」。《乞食王子》則出現多首日文歌曲，像在第四本第四臺的尾聲瑞珠與小紅唱起了日文歌【波止場氣質】，第三十臺的尾聲又唱了一首日文歌曲。

背景音樂的運用更是豐富多元，除了配合劇情而有蟲鳴鳥叫、風雨雷電的音效之外，各種各樣的音樂也都可融入劇情之中，像在《金銀天狗》第二本第二十一臺玉蟬與玉郎兩人的大量對話時，背景音樂即為國語歌曲【情人的眼淚】電子琴演奏版。第二本第二十六臺玉郎對素秋吐實情，背景音樂為古箏演奏曲。第三本第二十四臺描述玉蟬為逃避素秋的追殺，飢寒交迫落魄不已，背景音樂為【荒城之樂】電子琴演奏版。第三本第三十二臺玉蟬在禪房中醒來，想起玉郎的負心不禁悲從中來，背景音樂為古典音樂舒伯特的【聖母頌】。

除了演唱曲調古今不拘，背景音樂中西不限，在安歌時也出現大融合的現象。在《金銀天狗》第三本第三十二臺，玉蟬為逃離素秋及元虎的追捕，躲在法本的禪房內，阿三為照顧玉蟬養病，也留在禪房，沒想到素秋潛入禪房欲毒死玉蟬，正巧被阿三撞見，兩人展開追捕並互相指責對方，此時的音樂先以弗德札克的【新世紀交響曲】古典音樂為背景音樂，表現緊張對峙的場面，接著阿三以臺語演唱京腔，之後配上電影配樂，再接北管音樂。短短四分鐘的時間，音樂上做了四種變化，讓觀眾在短時間之內，聽覺上產生新奇、刺激的感受。

另外，錄音帶也會在劇情告一個大段落後播放驪歌，讓觀眾知道今天的演出到此為止，像《神秘殺人針》每本的最後收幕，都播放驪歌。甚至還會預先錄下感謝觀眾觀賞，預告下次演出的劇情，像《神秘殺人針》第四本第二十一臺結束時即出現「謝謝觀賞，欲知詳情，下回分解」的內容。

需再說明的是，這15齣作品之中，《包公案》（也就是《包公案孝子復仇》）是拱樂社的電視歌仔戲時期作品，筆者推測這部作品錄製成錄音帶的時間可能比較晚，因為錄音帶中可以聽到歌手蔡幸娟的【夏之旅】（第七本第八場）以及陳瑩潔的【野草也是花】（第八本第九場）流行歌曲。

這些音樂的使用豐富了舞臺的表演，演員的唱腔既保有傳統曲調，又能夠結合時下流行音樂，讓整體的演出顯得更親切與活潑。

拱樂社錄音團在音樂的處理上可說是相當特殊的，筆者認為錄音團因為少了文武場現場演奏的臨場感，因而更要加強音樂的部分，從演員演唱的曲調、身段動作的鑼鼓介，到各式各樣的背景音樂，我們都可以體會到拱樂社錄音團豐富多樣的音樂風格。然而這樣的風格特色與拱樂社劇團製作電影歌仔戲的經驗是脫離不了關係的，電影歌仔戲需要大量運用配樂來強化畫面的效果，即便是一個過場也都不輕易放過，以免產生只有畫面少了聲音的單調氣氛，錄音團便是承襲了這樣的表演風格。當然要製作這麼豐富多樣的戲劇內容，倘若沒有定型劇本作為錄音底本恐怕也是很難辦到的。

二　錄音帶對劇本的承襲與更動

承上所言，為了配合錄音團的演出方式，拱樂社的劇本也做了改變，以往分十天演完一齣的全本，全都改為五天演一齣戲，一個檔期演兩齣。筆者在對照劇本與錄音帶時發現，錄音帶雖按照劇本來錄製，但省略、更動的情形還是相當的多，尤其以省略的情形最為普遍。限於篇幅，以下將列舉幾個作品來作說明。

以《王寶釧》為例，劇本的第一本第一臺、第二臺、第三臺、第四臺、第五臺、第六臺、第七臺、第八臺、第九臺、第十二臺在錄音帶中皆省去。第一本第十三臺中的頁149-152在錄音帶中無此一劇情，而改以丫鬟因不在意薛平貴而放他進來，卻因此而被平貴撿到繡球。第一本第十三臺中的頁167-171，則改以寶釧採野菜於北山頭，其母親在此找到了她，然後訴說父親之無情與思念母親之苦。第一本第十三臺中的頁171-175，則改以平貴受王允所逼跳水，被仙人所救，救回仙山學功夫。

以《金銀天狗》為例，第二本第十臺至十九臺全省去，第五本第四臺至第十六臺也省去，第六本第五臺至第七臺省去，第六本三十五臺及第七本第一至第八臺皆省去。更動情節較明顯的部分如第一本第十五臺，錄音帶增加了部分情節：三多建議玉蟬、素秋兩位三天後到楊府對詩，贏的人可以嫁去楊家。林炳南認為女兒素秋一定會贏，如此一來他便可奪取楊家財產。瑞祥帶著妹妹玉蟬去對詩，玉郎則擔憂玉蟬會失敗，炳南抱怨玉蟬遲到，認為她是不敢來。

以《小女俠紅蝴蝶》為例，第四本第一臺至第三臺全都刪去，中間以文賓救走玉霜兩人決定成親的劇情來連接，再直接跳到第四臺文賓與玉霜兩人進房，文賓看見書信。第四本第八臺至第十三臺省去，劇情直接從第七臺跳接到第十四臺，其間的劇情便以文賓認為國賢欺負他，決心不娶秀珍，並請阿堅去聘武藝教師來作為貫串。第四本第十六臺也省去，其間劇情以文賓找順天報仇，表示是國賓搶走玉霜，因而不願意娶秀珍，於是雙方大打出手來貫串。

以《合寶金錢會》為例，第一本第一臺及第十九臺皆刪去，第二本第七臺也刪去，第五本第四臺至第十臺、第十九臺至二十一臺皆刪去。另外，發現也有遵循劇情概要而將唱詞更改的情形，像在第一本第三臺的內容就改動相當的多。也有在劇中加入新的場面，像在第一本第二臺中間（頁10）加上一段比武內容，第二本第八臺多加了一段劇情（頁85），第三本第一臺一開場也多加一段劇情（頁121）。

以《乞食王子》為例，第三本第二十六臺及第二十七臺皆省去，第二本第六臺及第七臺有著大段的對唱，在錄音帶中幾乎刪去三分之一。同樣情形，第三本第一臺的對唱也被省略一大段。另外，不刪反增的情形，像在第三本第二十五臺劇本原本是由水聲登場開唱，錄音帶中則改由英崇先上場自我介紹說明來意，唱一段歌曲之後才由水聲上場。

劇情的省略有時並不是以一臺戲為單位，也會將一臺戲作切割刪除的情形，像《神秘殺人針》第二本第十七臺的後三分之一及第十八臺的前三分之一連著被刪去（頁108-118）。《德化萬惡》從第四本第六臺連刪到第八臺的前五分之一（頁153-162）。

綜上所述，錄音帶雖是依據劇本而錄製，但一經比對卻發現錄音帶往往對劇本作了許多刪減及更動的動作，對此筆者認為原因有二，其一是為了控制演出長度，其二是為了強化演出效果。為了考量演出時間的長度，錄音帶不得不對劇情進行了刪減，而刪除的內容若會嚴重影響劇情的推移，也會注意到情節連貫的問題，並在刪除的部分補增情節。另外，為了強化演出效果也會將部分內容作了更動，較常出現的情形是演員上場時，會增加一段歌曲或臺詞來自報家門，一則表明身分，二則提示劇情的進展，這樣的目的在於喚起觀眾的記憶，避免錯綜複雜的劇情讓觀眾無所適從。

三　殘本及佚本的重新發現

在這批拱樂社錄音帶中，《孤月獨明》、《復活玫瑰》、《父子干戈》、《清宮祕史》、《母在何處》這五齣戲是以往學界從未討論過的作品。《孤月獨明》、《復活玫瑰》、《父子干戈》這三部作品在陳澄三家族的收藏中已是殘本，《清宮祕史》、《母在何處》更是完全沒有留下。這殘本及佚本的新發現，可以說是相當具有意義的，對於整理、收集與認識拱樂社的作品有了很大的幫助。為了便於介紹這些作品，以下先整理出這五齣戲的劇情概要。

（一）《孤月獨明》（錄音帶約 300 分鐘）

明神宗時，陳溪河遭奸相張關天陷害，導致家破人亡，只剩陳忠孝與陳美珠兄妹二人流離失所。在因緣際會之下，美珠來到洪聰明家為女婢，因受到聰明的喜愛，將她收為二房，卻也開始她一連串的悲慘命運。原來，洪聰明的原配張幼秀，就是美珠的仇人張關天的次女。當幼秀知道美珠被收為二房，在嫉妒心高漲的狀況下，遂與追求美珠不成，由愛生恨的表弟張堅聯手，想盡辦法毒害美珠母子（美珠與聰明所生）。

之後，美珠被推落江水，生死未卜，美珠之子洪文賢幸得忠僕福忠救起，帶回給舅舅忠孝撫養，並在七年後與生父聰明相認。聰明帶文賢回家，幼秀又想施毒計害文賢，美珠及時出現救了文賢，一家三口總算團圓。

可惜，這家人的命運多舛。聰明被奸相張關天誣陷流配嶺南，美珠被壞人追殺，文賢被幼秀誣告殺人，囚禁大牢。幸好文賢遇到明官吳大人與文賢幼年的老師吳夫人淑文。在老師的幫忙下，文賢巧遇皇太后，並且成為皇孫。皇太后帶文賢回京，明神宗對文賢甚為喜愛。奸相張鬬天與長女皇后玉蓮屢施毒計，想加害文賢，卻總被文賢以機智一一破解，甚至平反淑文的冤獄。而其父聰明亦藉由嶺南蔡大人之女素春的幫助，得以逃回洪家，並與文賢、美珠重逢。但張家父女仍不死心，繼續想辦法要陷害洪聰明一家。

（二）《復活玫瑰》（錄音帶約 150 分鐘）

故事是描述一個外邦國家，為了想要進佔中原，決定以美人計，送上西邦最美的公主作為內應，準備帶她將中原皇帝迷戀成昏君之後，再進行計謀。中原的內應就是韋相國，他並且還與公主結成乾父女。孰料這名公主進了宮廷之後，發現其實皇帝是相當勤政愛民的，公主便斷了想要暗中破壞的念頭，而且還反過來教訓她的義父，指他在朝為官，怎可以如此「吃碗裡看碗外」、內神通外鬼以為內應。不願意合作的結果，公主於是被義父暗殺了，並嫁禍給一位武將羅坤成，這為羅坤成戰功彪炳，自然也不肯承認是他殺的人，皇帝一度欲聽從韋相國的命令，要將羅坤成處斬，但在其他大臣力保羅坤成之下，皇帝才答應讓他改以四個月內查出兇手為交換條件，暫不殺他。韋相國先發制人不僅殺死羅坤成，為了要斬草除根連他的兒子羅春風也不放過。所幸逃過一劫的羅春風，長大成人後歷經人世間的波折，終於考上武狀元，報了殺父之仇。

（三）《父子干戈》（錄音帶約 450 分鐘）

郡馬楊柏奇，相國派張亦吾加以陷害，幸好被白雲道人所救，而其子春風則被侯飛龍收養。十二年後，春風和雪琴訂親，卻因二十年前之事，建明欲迎娶雪琴為妻。晏公說出春風是郡馬之子，而建明是晏公之子。

柏奇與常王相遇，常王洗清其冤，建明受封。雪琴和春風結婚，雪琴生下寶田。之後，武宗微服下江南被搶，建明誣賴春風為賊，將春風燒死在牢中，並拿小孩威脅雪琴嫁他，最後春風被玉燕所救。

建明私下卻派兆耕毒死寶田，卻被春風所救。後皇帝封春風為兵部尚書。而兆耕偷走楊府珠寶並放火，燒死寶珠。寶田使計，兆耕承認罪狀，並說出春風真實身分之事。建明和相國一同找西妃殺害常王，但常王沒死，告知皇帝假聖旨之事，西妃坦承犯罪。相國又派人去暗殺郡馬，春風來救，可是建明反誣賴春風為刺客，小英使計讓登彥說出自己罪狀。皇帝收小英為女，春風封為駙馬。之後建明等人刺殺雪琴，並將雪琴屍體放在駙馬府，誣陷是春風所為。

張仁資需要援兵，常王推薦要郡馬、建明、兆耕三人戴罪立功。相國告知建明，要讓郡馬害死春風，再害死郡馬。相國等人回京，說春風、郡馬降番而亡，又將春風抄家。雪琴借素貞的身體還魂。皇帝下江南，寶田說明受冤經過，而因太乙道人相救，郡馬回京，向皇帝稟明實情。建明、相國被判斬首，西妃打落冷宮。春風與眾人相認，盡釋前嫌。

（四）《清宮祕史》（錄音帶約 450 分鐘）

清朝初年，康熙皇帝臨終時，欲將皇帝寶座讓給他眾多皇子中的其中一位去繼承，但是又擔心兒子們會彼此互相爭奪權位，因此就將遺詔寫好之後，交由大臣放在大殿上的牌匾之後，並且交代要在他死後才能打開遺詔。諸皇子中，最有希望繼承地位的是四皇子與十四皇子，而朝中大臣也分成了兩派，各為擁護的主子努力。

四皇子本在少林寺中學習，回來之後，為了鞏固自己的地位，於是派遣年羹堯潛入大殿，將放在牌匾之後的遺詔拿出來，偷看詔書。一看，竟是十四皇子繼位，於是年羹堯便竄改詔書，將十四皇子改成四皇子，如此一來，隔天宣讀詔書的時候，變成了四皇子登基，是為雍正皇帝。雍正登基之後，便開始對十四皇子進行政治迫害，十四皇子只好流亡在外，並且號召義士一同進行反攻北京之舉。最終則以喜劇收場。

（五）《母在何處》（錄音帶約 30 分鐘）

《母在何處》只留下兩卷，以下分別敘述：

1 第五本第4卷

相爺欲將漢卿等人斬首，想趁此機會將江氏一派一網打盡，而相國則欲幫助其妹牡丹登基。牡丹獻毒酒給皇帝喝，被皇帝發現其計謀，皇帝開始後悔自己被牡丹美色所迷，逼死皇孫志明，害國舅剖腹自殺，又害公主月姑被關天牢。皇帝逃出皇宮，想聚集忠臣來殺死王氏奸臣一族，後遇江漢卿等人救走皇帝。相國竟在路上發現志明沒死。

2 第五本第6卷

相國帶兵過來，漢卿等人棄城而走，後遇志明等人帶兵前來支援，相國退回京城。皇帝死前要漢卿接帝位，並鏟除王氏一派奸臣。相國決定利用月姑來威脅志明。月姑終與志明相見，月姑要志明盡忠，志明進退兩難，終於決定攻城。

上述作品之中，《母在何處》因只留下兩卷，尚無法看出劇情的全貌,《孤月獨明》則是因結局部分未留下,而讓整個故事懸而未解。在整理這些資料的過程中,《復活玫瑰》要算是這些作品之中最為複雜混亂的了。這齣戲的人物關係錯綜複雜,人物形象不夠鮮明,而且許多細節也沒有交代,劇情的發展十分誇張。《清宮祕史》則完整許多,不僅結構較為緊湊,首尾也頗能相互呼應,離題的部分比較少。

和拱樂社的其他作品一樣,為了製造戲劇高潮,這些作品的劇情充滿了意外,而且情節一再重複,許多情節往往相當不合理。這些作品基本上還是放在一個歷史背景的架構下敘述,其中的人物大都有著血海深仇的遭遇,陷害與復仇所交織出的糾葛,讓整個作品充滿善惡對立、因果報應的觀念,而這種糾纏不清的關係又往往延續到第二代、第三代,等到身世的謎底一旦解開,複雜的人物關係又會歸於平淡,一切前嫌盡釋。作品大抵可以蓋括為:「開端」(忠奸的爭鬥)——「發展」(武林恩仇、男女愛恨糾葛)——「結尾」(善惡有報、真相大白、沉冤得雪)。不過無論如何,這些孤本及佚本的發現,是可以補足長期以來所缺失的資料,讓我們有機會認識向來不為人知的內容,並提供學界重新建構拱樂社的研究資料。

第五節　拱樂社之跨文化意義

承上文,歌仔戲的跨文化現象,從日治時期便已開端,30年代皇民化運動的改良戲,可以視作歌仔戲跨文化的先聲,囿於政治因素,跨文化作品大多受到日本文學作品影響。50年代在美國及日本電影影響之下,內臺歌仔戲改編美國電影及日本電影進行跨文化作品演出，60年代拍攝電影歌仔戲時也以西方故事為文本，進行跨文化編創。在這樣的時代背景與藝文條件之下，拱樂社會有什麼樣的跨文化表現？

拱樂社最初的演出一如其他歌仔戲班，請來「講戲先生」在開演前，講授劇情大綱、安排角色，以及幾個重要場景。當時多半是由蕭金水講戲，少部分由演員錦玉已擔任。1952年錦玉已離開拱樂社自組「錦玉已」劇團，此事大大影響了拱樂社的發展與走向。根據曾師永義的考據，陳澄三之所以開始編寫定型劇本正是因為受到重要演員出走的刺激，「就在他事業得心應手的時候，他劇團中的幾名要角卻以『錦玉已』（本名劉已妹）為首相偕離去，另組『錦玉已歌劇團』。遭此打擊的陳澄三，無奈之下便將陳守敬為他編寫的第一個劇本由原來飾演奴婢的小角色擔綱重新排練」，[18]沒想到這齣《紅樓殘夢》大受歡迎，從此拱樂社開始聘請專人寫劇本。曾為拱樂社寫劇本的劇作家包括有蕭水金、陳守敬、陳雲川、廖文燦、李玉書、高宜三、陳金樹、翁維鈞、葉海、鄧火煙、王啟明，其中陳守敬曾為電影「辯士」，是拱樂社重要的編劇家；廖文燦（又名廖和春）則是繼陳守敬之後第二位主要編劇家，他個人集編、導、演於一身，同時跨足新劇與歌仔戲界，所編的歌仔戲劇本被認為是有「新劇味」，情節曲折，常用倒敘、跳接的電影手法處理舞臺畫面，與傳統歌仔的平鋪直敘明顯不同，演員和觀眾有時會覺得它的戲深奧難懂[19]；鄧火煙為歌仔戲演員，專擅古冊戲；外省

18 參見曾永義：《臺灣歌仔戲的發展與變遷》（臺北市：聯經出版社，1988年），頁68。

19 參見邱坤良：〈新劇與戲曲的舞臺轉換──以廖和春（1918-1998）劇團生活為例〉，「兩岸戲曲的回顧與展望研討會」，1999年8月。

籍的高宜三則具有京劇背景，編寫的劇本多京味濃厚。這些具有不同背景的編劇家，以自身所專擅的部分，為拱樂社編寫出各種面貌的劇本，也為歌仔戲此一表演藝術增添了新的表演方法與內容。

關於拱樂社劇本的內容與特色，邱坤良於《漂浪舞臺：臺灣大眾劇場年代》曾分析道：「『拱樂社』劇本內容，題材非常廣泛，任何一段歷史故事、民間故事、武俠小說都可能出現在它的舞臺上。如依據本分類，一類是古本戲，包括《洛神》、《西廂記》、《樊梨花與薛丁山》、《金玉奴》、《三伯英臺》、《劉伯溫》、《呂布與貂蟬》、《包公傳》等等。另一類胡撇戲，則是新創作的『愛情武俠倫理悲喜劇』，故事的朝代隨意安插，通常以明、清兩代為主，有時也會結合史事，但多憑空杜撰。而在戒嚴體制的大環境中，拱樂社也出現一些主題意識鮮明的復國或反清復明劇。即使是一般戲文，編劇也常有意無意加上許多配合『基本國策』的內容或口號、臺詞。」[20]由此可知，拱樂社的劇本大抵可分為古本戲與胡撇仔戲兩大類。至於受到政治影響的復國意識內容，像《乞食王子》一戲，時空背景雖是建立於明朝，但劇中的囝仔生唱出：「文武全才者有好，反共大陸者通建功勞」、「打倒共匪者能用，愛保總統萬年興」。除此之外，《漢族義魂》中，內容為反清復明，多有宣揚中華文化的口號。邱坤良就提出：「總之，這些劇本都是『大中國主義』下的產物，重複述說著隔海中國的傳統歷史、神話、演義等等，反而看不到臺灣歷史、社會事件、人物的影子。」[21]

20 邱坤良：《漂浪舞臺：臺灣大眾劇場年代》（臺北市：遠流出版社，2008年9月），頁107-108。

21 邱坤良：〈新劇與戲曲的舞臺轉換——以廖和春（1918-1998）劇團生活為例〉，頁108。

而無論古本戲或胡撇仔戲，「一般而言，『拱樂社』劇本的情節結構十分傳統，情節安排平鋪直述，多半圍繞著幾個主要角色及其後代之間的恩恩怨怨。從上一代的冤仇說從頭，順序說到後代，出場人物眾多，關係複雜，而以男女的愛情糾葛作為製造衝突的煽情催淚劑。」[22]拱樂社劇本雖有一定的套路可循，但這類撲朔迷離、荒誕不經的劇情，卻是大受歡迎。我們從拱樂社的劇本與錄音帶中可以看到拱樂社集合中外表演特質，吸收新劇、歌舞劇、西樂、電影養分，形成跨越戲曲規範的表演脈絡。雖然在文本的編寫上，受到戒嚴時期的政令宣導影響，充斥著大中國意識，而未有移植日本或西方劇作的跨文化編創，但在舞臺呈現以及音樂上，卻呈現跨文化現象，尤其陳守敬與廖文燦兩位最重要的編劇，對於電影、新劇有深刻體會，自然會將電影手法與新劇的表演元素融入劇情之中。[23]如前文所言，拱樂社錄音團的錄音帶中使用了大量的音樂，這些音樂包羅萬象，在演員演唱部分，除了傳統的【七字調】、【都馬調】、【哭調】之外，還有為數不少的臺語流行歌、國語流行歌、日文歌、京調、黃梅調等。這與其編劇的藝術理念與學養背景是有密切相關的。而將西方古典音樂放入歌仔戲錄音團盤帶中，作為演出的背景音樂，塑造出具有「演唱曲調古今不拘，背景音樂中西不限」的特色，更是跨文化融合的表現。

---

22 邱坤良：《拱樂社與陳澄三》第五章〈拱樂社的劇本與演出〉（臺北市：傳藝中心籌備處，2001年），頁119。

23 所謂新劇，根據林鶴宜於其《臺灣戲劇史》：「臺灣現代戲劇的萌芽，是透過被日本殖民的處境『間接西化』而踏出步伐的。相對於所有演唱戲曲的舊戲劇，現代形式的戲劇，概稱『新劇』。」林鶴宜：《臺灣戲劇史》（臺北市：臺大出版中心，2015年），頁188。

第六節　結語

50年代初期，歌仔戲以驚人的聲勢迅速風靡全臺，歌仔戲劇團如雨後春筍般紛紛成立，全臺看戲風潮十分熱絡，在眾多新成立的歌仔戲劇團中，由陳澄三先生所經營的「拱樂社歌劇團」無疑是當時最突出、最風雲的劇團。「拱樂社歌劇團」的成功歸功於陳澄三先生獨特的企業經營理念。當內臺歌仔戲還以傳統講戲方式演出時，「拱樂社劇團」團長陳澄三便請來陳守敬編寫新戲，完成《紅樓殘夢》、《金銀天狗》。以定型劇本的方式演出，果然讓「拱樂社歌劇團」紅遍全臺。

1954年，美國電影、日本電影及香港35釐米國語彩色片電影開始攻佔臺灣市場，美國的西部槍戰片、劍俠片，以及日本的武士電影，大受歡迎，影響所及歌仔戲票房一落千丈。歌仔戲班為保持住觀眾，開始模仿、移植美國電影及日本電影的部分情節與表演內容，演出《羅賓漢》、《鞍馬天狗》、《關東大俠》等，受到美國及日本電影工業襲臺的影響，使得歌仔戲再次出現劇本及演出型態的跨文化現象。「拱樂社歌劇團」也在1956年拍攝歌仔戲電影《薛平貴與王寶釧》同年1月4日在臺北首映的當天造成大轟動，單就臺北二十四天內的票房收入就高達三十多萬。1956至1958年「拱樂社歌劇團」的大部分資源都用來拍片，劇團的演員也都配合拍片演出，內臺戲的演出則處於半歇業的狀態。1958年「拱樂社歌劇團」的電影事業暫告一段落，陳澄三的事業重心又回到歌仔戲舞臺上，陳澄三有鑒於在內臺歌仔戲時期即因劇本運用成功，使得劇團組織、人事管理更加健全，自己對演出品質的掌握程度也更加提高，再加上幾年來參與拍攝電影的經驗，對於錄音、排演、配音頗有心得，於是開始規劃讓劇團朝向錄音團發展。

1961年陳澄三在「拱樂社歌劇團」之外，再成立第二團，演員有連明月、連明華、小明素、張秀珠、小美智等人，第二團的成立象徵著拱樂社錄音團的時代正式來臨。錄音團推出後，戲院演出票房極佳，使得戲約不斷，受歡迎的程度甚至凌駕肉聲團。錄音團的成功讓陳澄三更加確定未來的經營方向，為提供市場的大量需求，他開始將所有的劇本都予以錄音。

就在電視歌仔戲逐漸盛行之際，陳澄三眼見內臺歌仔戲已是夕陽產業，便把錄音團的錄音帶連同招牌一起出租給外臺戲，於是打著拱樂社旗幟的外臺戲班也以錄音團方式存在於南臺灣。拱樂社團長陳澄三先生當年開創的錄音團，不僅讓拱樂社成為一個企業化經營的大型歌仔戲劇團，也讓往後幾十年來的臺灣歌仔戲史，留下一頁有別於傳統戲曲表演的方式。這種只舞不歌的錄音團表演，在社會文化遞變、經濟蕭條的年代裡，卻留予外臺戲班一個存活的機會，至今南臺灣的廟會活動中還隨處可見錄音團歌仔戲的身影。

筆者因獲得八仙歌劇團（原拱樂社正團）當年承租拱樂社錄音帶的資料，而以拱樂社錄音團的15齣錄音帶進行研究，研究內容大抵分為拱樂社錄音團的表演特色、錄音帶對劇本的承襲與更動、殘本及佚本的重新發現這三個方向來進行。經過劇本的比對、錄音帶的聽記與整理，初步得到下面的結果：

拱樂社錄音團在音樂的處理上可說是相當特殊的。拱樂社由於有了製作電影歌仔戲的豐富經驗，因而在錄音帶的音樂處理上有著獨到之處，從演員演唱的曲調、身段動作的鑼鼓介，到各式各樣的背景音樂，拱樂社錄音團可說是有著豐富多樣的音樂風格。拱樂社錄音帶中使用了大量的音樂，這些音樂包羅萬象，在演員演唱部分，除了傳統的【七字調】、【都馬調】、【哭調】之外，還有為數不少的臺語流行歌、國語流行歌、日文歌、京調、黃梅調等。在背景音樂部分，則是大量使用古典音樂、電影配樂、北管音樂、軍樂等，使用的樂器除了有傳統樂器，如：大廣弦、殼仔弦、鑼、鼓、笛子、嗩吶，也有西洋樂器，像：電子琴、薩克斯風、小提琴等。

這些音樂的使用往往有脈絡可循，傳統曲調的演唱通常安排於渲染人物的情感、交代人物的身分、省思人物的命運，最常使用的還是以【七字調】、【都馬調】為主。另外，京調的演唱也佔相當高的比例，劇中的老生、武生都喜歡來段京調。流行歌曲則運用於人物上場及人物過場，在人物上場及過場時，大多會來一段流行歌曲以說明自己的心境，此外在換幕變景或換場時也會來一首國語或日語流行歌曲。背景音樂的運用更是豐富多元，除了配合劇情而有蟲鳴鳥叫、風雨雷電的音效之外，各種各樣的音樂也都可融入劇情之中。

這些音樂的使用，豐富了舞臺的表演，演員的唱腔既保有傳統曲調，又能夠結合時下流行音樂，讓整體的演出顯得更親切與活潑。除了演唱曲調古今不拘，背景音樂中西不限，在安歌時也出現大融合的現象。像在《金銀天狗》第三本第三十二臺，短短四分鐘的時間，音樂上做了四種變化：古典音樂、京腔、電影配樂、北管，讓觀眾在短時間之內，產生新奇、刺激的感受。筆者認為錄音團因為少了文武場現場演奏的臨場感，因而更要加強音樂的部分。然而這樣的風格特色與拱樂社劇團製作電影歌仔戲的經驗是脫離不了關係的，電影歌仔戲需要大量運用配樂來強化畫面的效果，即便是一個過場也都不輕易放過，以免產生只有畫面少了聲音的單調氣氛，錄音團便是承襲了這樣的表演風格。當然要製作這麼豐富多樣的戲劇內容，倘若沒有定型劇本作為錄音底本恐怕也是很難辦到的。

錄音帶雖是依據劇本而錄製，但與劇本之間還是出現許多差異，經過比對可以發現錄音帶對劇本作了許多刪減及更動的動作，對此筆者認為原因有二，其一是為了控制演出長度，其二是為了強化演出效果。為了考量演出時間的長度，錄音帶不得不對劇情進行了刪減，而刪除的內容若會嚴重影響劇情的推移，也會注意到情節連貫的問題，並在刪除的部分補增情節，試圖彌補情節交代不清的問題。另外，為了強化演出效果也會將部分內容作了更動，較常出現的情形是演員上場時，會增加一段歌曲或臺詞來自報家門，一則表明身分，二則提示劇情的進展，這樣的目的在於喚起觀眾的記憶，避免錯綜複雜的劇情讓觀眾無所適從。

至於，《孤月獨明》、《復活玫瑰》、《父子干戈》、《清宮祕史》、《母在何處》這五齣殘本與佚本的發現，目前先將這五齣戲的劇情概要整理出來，這對於整理、收集與認識拱樂社的作品有了很大的幫助。孤本及佚本這些作品的劇情充滿了意外，而且情節一再重複，許多情節往往相當不合理。這些作品基本上還是放在一個歷史背景的架構下敘述，其中的人物大都有著血海深仇的遭遇，陷害與復仇所交織出的糾葛，讓整個作品充滿善惡對立、因果報應的觀念，而這種糾纏不清的關係又往往延續到第二代、第三代，等到身世的謎底一旦解開，複雜的人物關係又會歸於平淡，一切前嫌盡釋。這些重複又誇張的關目情節，反映出來的是當時觀眾的審美趣味。

我們從拱樂社的劇本與錄音帶中可以看到拱樂社集合中外表演特質，吸收新劇、歌舞劇、西樂、電影養分，形成跨越戲曲規範的表演脈絡。雖然在文本的編寫上，受到戒嚴時期的政令宣導影響，充斥著大中國意識，而未有移植日本或西方劇作的跨文化編創，但在舞臺呈現以及音樂上，卻呈現跨文化現象。而「演唱曲調古今不拘，背景音樂中西不限」的特色，更是拱樂社跨文化融合的表現。

上述的幾個研究方向，或許只是個開端。不可諱言的，要針對拱樂社錄音團的錄音帶進行全面的研究，的確需要投入更多的時間與精神，而筆者也相信試圖建構那一段只舞不歌的歲月，是一項相當具有挑戰與意義的研究工作。拱樂社錄音團除了有豐富的音樂之外，演員流暢的四句連、八句連唸白功力也是不容忽視，再者劇中人物口吻的俚俗化與生活化，以及日語、國語、臺語的混用也是相當有趣的現象。另外，筆者在聽記的過程中，也發現一位演員扮飾兩位角色的情形。林林總總這些問題都留待筆者日後再進行研究。

第七章
結論

總結上述，本書《臺灣歌仔戲跨文化現象研究》是從跨文化議題來討論現代劇場歌仔戲，並兼論拱樂社錄音團之劇本與其跨文化現象。擇其要點說明如下：

20世紀末起，在歐美興起了「跨文化劇場」，在臺灣學者的引進之下，傳統戲曲界也在80年代開始了跨文化編創。現代劇場歌仔戲則是自90年代開始出現跨文化作品，河洛歌子戲團改編果戈里《巡按使》而為《欽差大臣》，揭開現代劇場歌仔戲跨文化編創的序幕。迄今二十多年來，歌仔戲運用現代劇場觀念與技術，展現跨文化編創的新思維、新格局，已累積不少經驗。若以進入現代劇場展演，加上以精緻化與文學性作為評估準則，目前所累積的「現代劇場歌仔戲」跨文化作品已達十五部，可謂成果輝煌，這是相當值得學界留意與關注的。

戲曲的跨文化，若就其文本的創作動機而言，改編者大多試圖尋找異文化與戲曲之間對話的可能，或將外國文學作品的框架填入中華傳統的人物與思維，以達到西方文化對傳統戲曲的刺激，或採取部分挪移的改編方式，以方便在文本中刻意避開嚴肅議題或哲學思想，解決詮釋上的困難。如此一來，戲曲增添了許多新元素，也讓戲曲界變得更加活躍多元。

然而，戲曲跨文化之後，勢必要面對東西文化差異的調和、語言轉換的演繹與歧異、原著本與改編本之間的平衡、中西劇種特殊性的認識與掌握，若能讓新意與舊意之間有著完美調和，則是跨文化編創上最大的收獲與意義。所謂成功的改編，應當是新意與舊意的完美調和，改編作品必須對原著作品的人物特質以及處境作微調，以求賦予劇情新的角度及意涵。生硬的套用勢必造成格格不入的走味與變調，而無法予人感動。

傳統與現代並非徑渭分明的界線，而是相容相承的依附關係，現代由傳統而生，傳統因現代而進化，改編西方經典並非一味的借鏡西方以破除傳統戲曲的程式，而是期盼東西文化的衝突、撞擊、吸收與再融合的過程，能夠回歸審視自身藝術的價值。相反的，如果改編的結果只是停留在表淺的沾染與部分情節的套用，以至於西方經典中的理性思維、哲學思辨與藝術價值並未能充實歌仔戲內涵，改編移植的過程中也未能從西方戲劇的底層中汲取菁華，如此一來，反而失去改編的意義，跨文化編創也容易淪為劇團「西化」的時髦噱頭而已。

據此來看，本書五篇論文所討論的研究成果，可作如下說明：

一　〈一心歌仔戲《Mackie 踹共沒？》改編《三便士歌劇》之跨文化編創研究〉

2012年一心戲劇團的《Mackie 踹共沒？》，係改編自德國劇作家布萊希特《三便士歌劇》。《Mackie 踹共沒？》從最初根據《三便士歌劇》改編而來的初稿，到後來進行排演時，排練場上團員們的即興編創，前後經歷五次修改，才成就出最後的舞臺演出本。該劇以倒敘手法，將原著故事進行翻轉，擷取原著的幾個重要關目情節加以拆解，進行拼貼之後再加以整合，整部作品的敘事策略及表現手法已經與原著大不相同。其中倒轉與拼貼的運用，除了讓戲劇節奏顯得緊湊，更重要的是懸疑氛圍的增添，讓整齣戲時時充滿驚奇。而神秘客一角的設計，為倒敘夾敘穿插的劇情，敷以合理的進程，為拼貼剪裁的情節，帶來串場的效果。在時空的編撰上，《Mackie 踹共沒？》融入眾多臺灣社會亂象，以及比連續劇還精采的新聞，大肆嘲弄臺灣諸多亂象。

若將改編本與演出本兩相對照之後，筆者發現兩者最大的不同在於語言的豐富度及貼近生活的草根性，而這也是長期做活戲的演員「腹內」所累積的功力。演員以外臺戲的演出經驗注入於劇本中，導演也以現代劇場出身的背景，尊重傳統之餘，特意跳脫現代劇場歌仔戲向來所追求的精緻性與文學性，而選擇置入外臺胡撇仔戲的活潑熱鬧又華麗的表演方式。總之，「一心戲劇團」從外臺廟會廣場走入現代劇場，將外臺歌仔戲元素劇場化，《Mackie 踹共沒？》一劇，在保有草根性的原初精神之下，從歌仔戲的戲曲本質出發，融合外臺戲與現代劇場的文化與元素，在東西戲劇融合交集中，創發出一套摩登新穎的表演風格，以青春、草根、顛覆的活潑形象，在現代劇場歌仔戲的一片精緻呼聲中另闢了蹊徑。

二　〈罅隙與衍異——談歌仔戲《罪》之跨文化編創〉

2001年秀琴歌劇團改編古希臘悲劇作家索發克里斯的《伊底帕斯王》而為《罪》。《罪》在改編上面臨最大的問題應該是嚴重的文化（宗教）隔閡，因為東西方的差異，讓《伊底帕斯王》的哲學精神無法深化到《罪》的戲劇主題中。《伊底帕斯王》之所以成為悲劇並不是他弒父娶母此一行徑的荒謬與悲涼，而是在於他的意志貫串了他的行動與決定，但卻仍無法逃脫命運的安排與人生的虛妄，而他不計一切代價願意承擔一切責任的態度亦是此一悲劇的可貴之處。然而這部分的深刻主題與人物形象的描述，顯然並未在《罪》中表現出來。改編本注入了父子相剋、因果輪迴、養父寵慣、夫妻失和、徐娘風韻猶存、意圖強暴母親等情節，試圖來解讀、串聯「弒父娶母」的悲劇原型。這些情節，僅能以表淺的故事內容、人物對話來帶過複雜的主題，不僅無法深刻演繹出原著的精神，甚至避開了深刻的哲學思辨與嚴肅的議題，如此一來陌生的西方思維，方便的轉化為一部社會人倫悲劇。

而《罪》所加強的人倫親情比重，包括父親的不捨、母親的悲痛、養父母的恩情等人倫情感，反倒成為跨文化編創後的另一番衍異，表現出編劇對於原著《伊底帕斯王》的反思與詰問。片段的改編容易造成全劇意義的不連貫，生硬套入的情節，不過是避免了文化上的衝突與碰撞。將陌生的內容改成熟悉或合理，顯現出跨文化編創上的侷限與困難，主題思想上的罅隙與情節結構上的衍異，在在都說明跨文化異質元素碰撞後的種種問題。若能注意到這幾個改編上的問題，而予以調整及修編，輔以劇團幾位優秀演員的精湛演技重新詮釋，本劇必能更上層樓。

三　〈從西方浮士德到東方狂魂——戲曲跨文化編創之文本比較研究〉

2011年一心戲劇團的《狂魂》，係根據馬婁的《浮士德博士悲劇史》與歌德的《浮士德》兩部作品加以改編，吸收兩者不同情節與題材加以融合。其中馬婁作品的文學性雖不及歌德，但在題材與人物原型的創造上，有其意義與價值。歌德的浮士德蘊含深刻的哲學思想，對於人性的淬鍊與真善美的追求有較為深刻的描述。《狂魂》汲取兩家優點，將西方文化中探討上帝與魔鬼的辯證思維轉化為道教思想濃烈的神祈觀，以適應本土文化與思維。將馬婁版本中浮士德運用魔法享受生命的情節捨去，也將歌德版本中浮士德對於知識宇宙的無窮盡追逐，改換為慾望的追求，因而導向人性貪婪慾望的探討，甚至安排殺害心愛女人胞兄的情節，藉此堆疊出本劇的高潮。經歷愛情而蛻變的人生，也是汲取歌德版本中對於愛情的嚮往與反省。

至於宗教意涵的部分，在馬婁與歌德作品中，浮士德最後終歸於上帝，《狂魂》中的慕容塵則是受到點化，了悟超脫，而有了中國度脫劇的影子了。《狂魂》最後劇情的結局是因著愛情的本質與初衷，而點破迷失的人性，就這點而言，《狂魂》與歌德版本所刻劃的愛情主線，都深深影響了劇中主要人物的發展。因此，筆者認為《狂魂》在改編馬婁的《浮士德博士悲劇史》與歌德的《浮士德》的承襲與改編上，可以從：「正與邪的賭注」、「殺害心愛女人胞兄的情節」、「蘊含宗教的意味」、「經歷愛情而蛻變的人生」，這四個方向加以探討。總之，《狂魂》是參照原著中的幾個重要情節加以改編鋪排，以形成新的面貌，捨棄西方宗教文化與神學想像，改以人性權力慾望的討論。對於原著可說是有所承襲也有所衍異。

四 〈歌仔戲之跨文化編創——談梨園天神的兩次創作〉

唐美雲歌仔戲團分別於1999年及2006年，兩度以卡斯頓・勒胡的小說、安德魯・韋伯的音樂劇《歌劇魅影》為改編對象，推出《梨園天神》、《梨園天神桂郎君》。從《梨園天神》到《梨園天神桂郎君》可以看到跨文化改編的困難與得失。尤其是透過同一個劇團兩次編創的過程，更可以看出製作團隊（尤其是編劇）在重新省思西方經典作品時，企圖創新改革的勇氣。1999年的《梨園天神》挾帶「西方歌劇的東方版」之有力宣傳，將歌仔戲與西方歌劇作了跨界融合，但卻因為仍脫離不了詼諧逗趣的本質與元素，而喪失原著的深厚愛情基調。2006年東山再起的《梨園天神桂郎君》，不作跨界移植而是汲取原著精神，大膽的嘗試締造一個「迷離而纏綿充滿自信的東方 phantom」。

有別於原著《歌劇魅影》，《梨園天神桂郎君》直接從中國文學作品《九歌》中擷取精神，化用〈少司命〉神人相戀的迷離意象，帶出雲英對桂郎君的想像。用典入戲的效果，重新把觀眾熟悉的文化元素帶入劇中，整部作品也就瀰漫著深邃、幽微、曲折、婉麗的情調。此外，編劇重新思考符合東方文化的思維，而注入親情人倫的探討，增加「山林狩獵、夫人生子、王爺花園長嘆、山野捨子」等情節，對於親情之間的糾葛與拉扯有細膩的處理，而這也是《梨園天神桂郎君》所具有的東方情懷與獨特之處。

「才命相妨」的議題亦是有別於原著所拋出的另一個思維。「才命相妨」讓桂無明的內心產生極大的矛盾，自恃與自卑的交錯心理，架構出他的人格，而這樣的人格也提供了後續故事發展的一個穩固基礎。編劇為鋪敘此一命題，以大量抒情唱段加強角色形塑。在愛情的命題上，不依循原著而為遺憾的愛情重新尋找出口，並利用三度空間流轉的堆疊，營造出迷離聊齋般的夢幻氛圍。編劇有意削弱讀書人的形象，並藉此強化桂無明，使得原本的愛情三角關係發展到劇末時，成了桂無明與雲英的對手戲，姚虔猶如魁儡，完全無法與桂郎君抗衡。

此外，為了與原著音樂劇《歌劇魅影》分庭抗禮，《梨園天神桂郎君》的文武場除了歌仔戲傳統文場的四大件配器，以及武場的鑼鼓，還加入國樂團以及大量西樂團的弦樂樂器，宛如交響樂般的音樂配置，成為臺灣現代劇場歌仔戲進入「交響化」的里程碑。

五　〈臺灣拱樂社錄音團及其跨文化現象之探討〉

本文的寫作動機係因獲得高雄八仙歌劇團（原拱樂社正團）的拱樂社內臺戲錄音帶，而進行拱樂社的相關研究。首先針對筆者所獲得的拱樂社錄音帶之內容與劇目作一說明與比對。接著就拱樂社之形成與發展作爬梳。再分別就拱樂社錄音團的表演特色、錄音帶對劇本的承襲與更動、殘本及佚本的重新發現這三個方向來進行研究。經過劇本的比對、錄音帶的聽記與整理，筆者發現拱樂社由於有了拍攝電影歌仔戲的豐富經驗，因而在錄音帶的音樂處理上有其獨到之處，從演員演唱的曲調、身段動作的鑼鼓介，到各式各樣的背景音樂，內容相當豐富且多元。在演員演唱部分，除了傳統的【七字調】、【都馬調】、【哭調】之外，內容相當豐富與多元。還有為數不少的臺語流行歌、國語流行歌、日文歌、京調、黃梅調；背景音樂則是大量使用西洋古典音樂、電影配樂、北管音樂、軍樂等。使用的樂器除了傳統樂器，如大廣弦、殼子弦、鑼、鼓、笛子、嗩吶，也運用西洋樂器，像電子琴、薩克斯風、小提琴等。

從這些音樂曲調及其樂器都可見其音樂之豐富、多樣與跨文化。雖然錄音帶是依據劇本而錄製，但為了控制演出時間的長度，以及強化演出效果，錄音帶將劇本做了許多刪減及更動。而刪除的部分若會影響到劇情的推移，也會注意到情節的連貫性，並在刪除的部分增補情節，試圖彌補情節交代不清的問題。至於《孤月獨明》、《復活玫瑰》、《父子干戈》、《清宮密史》、《母在何處》這五齣殘本與佚本的發現，透過本文中劇情概要的整理與介紹，或可提供學界對於拱樂社有進一步的認識與理解。我們從拱樂社的劇本與錄音帶中可以看到拱樂社集合中外表演的特質，吸收新劇、歌舞劇、西樂、電影養分，形成跨越戲曲規範的表演脈絡。雖然在文本的編寫上，受到戒嚴時期的政令宣導影響，充斥著大中國意識，而未有移植日本或西方劇作的跨文化編創，但在舞臺呈現以及音樂上，卻呈現跨文化現象。而「演唱曲調古今不拘，背景音樂中西不限」的特色，更是拱樂社跨文化融合的最重要表現。

曾師永義於其〈從明人的『當行本色』論說『評騭戲曲』應有之態度與方法〉一文中提出欣賞評論戲曲的「八端」：本事動人、主題嚴肅、結構嚴謹、曲文高妙、音律諧美、賓白醒豁、人物鮮明、科諢自然。[1]以此八端為據，作品的優劣、價值與情趣當可全方位關照到，對於戲曲作品當作如是的關照，對於跨文化作品亦當作如是的檢視。關於移植西方劇作的方法與手段，曾師永義也提出「妙手建設新文化」觀念：如果本土血型為 A，創造新文化之道，當在傳統文化的基礎上維護發揚美質，有如輸入 A 型的血；當從外來文化中擇取可以生發融通的滋養，有如輸入 O 型的血。如果迷信外來文化為救命萬靈丹，毫不考慮是否與傳統文化相衝突，一

1 曾師永義：〈從明人的『當行本色』論說『評騭戲曲』應有之態度與方法〉，中山大學中國文學系《文與哲》第二十六期（2015年6月）。

味吸收，全盤移植，則必然會發生有如誤輸 B 型或 AB 型血的情況；如此所產生的新文化，對國家民族不只沒有益處，反而有荼毒之害了。[2]

此外，王安祈教授在90年代便已指出，戲曲演繹世界經典的意義包括有：（一）深化人性啟迪哲思以補強戲曲原本的抒情性；（二）古典劇作中永恆人性與當前經驗的交互指涉；（三）藉由陌生西化的題材刺激轉換表演模式[3]。以這三項意義盱衡戲曲跨文化作品，不難看出跨文化編創上的意義與難處，其中「深化人性啟迪哲思以補強戲曲原本的抒情性」，尤其是戲曲跨文化改編時最難克服的問題。朱芳慧教授也認為在汲取西方戲劇滋養之餘，應堅守而不可流失的四種質性：（一）寓意新詮：原著題材之新意開發、（二）詞曲聲腔：詞情、聲情之相得益彰、（三）舞臺排場：排場時空之自由流轉、（四）演員演繹：演員表演之創意詮釋[4]。掌握戲曲基本元素：題材、聲腔、排場、演員，不因西化而迷失，讓戲曲保有戲曲的本質。此外，陳芳則提出析論「莎戲曲」的五個聚焦點：從文化的移轉、劇種的特性、情節的增刪、語言的對焦、程式的新變，期能建構「莎戲曲」自我論述作為獨具之民族傳統劇場的「戲曲主體性」。[5]她認為傳統戲曲在改編莎士比亞劇作時，應注意戲曲主體性的呈現，戲曲劇本的體制規律、演員的四功五法，均要合乎基本規範。

2　曾師永義：〈妙手建設新文化〉，《聯合報》文化廣場（1993年1月6日）。

3　王安祈：〈竹林中的探險——觀《羅生門》戲曲演出〉，《PAR表演藝術》第67期（1998年7月），頁75。

4　朱芳慧：《當代戲劇鑑賞與評論》（臺北市：五南書局，2017年），頁90。

5　陳芳：《莎戲曲跨文化改編與演繹》（臺北市：師大出版社，2012年），頁8。

幾位前賢均對於戲曲跨文化提出諸多寶貴意見，大抵皆認為戲曲跨文化的移植與融合，都需以戲曲本質為基底，切不可因西化而偏廢了本質，反過來，藉由西化的題材與技法，充實戲曲本質，擴充提升戲曲的藝術層面，才是跨文化改編的意義與價值。

傳統戲曲從唱念做打出發，藉著排演西方名劇，和西洋戲劇融匯起來，從而拉近傳統和現代、東方和西方的距離，藉由陌生西化的題材充實劇種的內涵，藉以吸引觀眾，中體西用的相互激盪，也對傳統戲曲進行了變革與挑戰。移植西方文化色彩濃烈的作品，進行跨文化編創，不可避免的是必須以本土文化的思想內涵作為出發，因而必須在人物形象及主題思想上，進行「本土化」的更動與變異，所呈現的新文本勢必會有所涵融，也會有所衍異。任何作品經過劇場跨文化改編或挪用，勢必受到改編者、導演及演員個人政治、道德信念的影響。而原作者所創造的作品旨趣，也不可能被完全拋棄。原著與改編本之間，因此自然形成一種「互文的關係」（intertex-tual relationship）[6]。跨文化戲曲在尊重原著與傳統藝術之間，究竟該如何取捨與調適，好讓原著與改編彼此之間相得益彰，而改編本得以藉由原著作品，提升藝術層次與內涵，這是戲曲跨文化編創最重要的價值與意義。

本書之研究成果如上述，其內容雖不敢說觀點完全正確、論述顛撲不破，但某些看法是筆者多年所體會的要義，祈能在學術上略盡綿薄。臺灣歌仔戲之跨文化研究還有諸多的議題待筆者繼續努力，本書僅是筆者學術研究上的一個小里程，也是未來朝向歌仔戲跨文化史研究的一個開端。本書仍諸多不足，尚待各界不吝指正。

---

6 Sanders, "*Adaptation and Appropriation*", New York: Routledge, Julie 2006, P.2-3.

附錄一
一曲傳唱，一劇搬演

> 若說這三段演出就包含歌仔戲發展的百年變遷，就是對於歌仔戲歷史的還原，這樣以簡馭繁的方式，顯然是很難讓人認同的。筆者反倒認為撇開大時代、大歷史的企圖，這三場折子戲的戲文內容，經過挪移和套用，竟能扣緊劇中人物的處境與命運，使全劇的戲裡戲外兩個層次產生呼應與對話，而有了時而疏離、時而貼近的美感。

〈安平追想曲〉是臺灣50年代相當流行的一首臺語歌曲，由陳達儒填詞，許石作曲。歌曲所描述的是19世紀末一位臺南安平港買辦商人的女兒，與負心的荷蘭船醫生下金髮女孩，而金髮女孩卻又一如母親的命運，遭遇愛人的背叛。秀琴歌劇團藝術總監及編導王友輝將此一故事敷衍成同名劇作，並定名為「現代歌仔新調」，假國家戲劇院演出。姑且不論「秀琴歌劇團」這齣有史以來最大製作的「現代歌仔新調」究竟應歸屬於臺語音樂劇？抑或歌仔戲音樂劇？還是歌仔戲現代劇？撇開屬性定位的爭議，我們看到的是一部精巧雅緻、並含藏大量文學與藝術的精彩演出。

整體而言，從劇本創作到音樂設計、舞臺設計，以及演員唱作，皆在水準之上，彼此分庭抗禮又相互融合，將傳統歌仔戲以演員為中心的表現方式，走向以導演為中心，甚至是以劇場為中心的境界。我們看到的不僅僅是秀琴個人丰采的展現而已，而是看到整個歌仔戲製作團隊的合作與努力，交出了一張漂亮的成績單，成為精緻歌仔戲之另一佳作。

兼顧史實及故事　敘事偏於極簡跳接

〈安平追想曲〉原是陳達儒在遊歷臺南安平港之後，有感於臺灣被殖民的歷史及島國的宿命，所想像出來的19世紀末兩代母女的愛情悲歌。即便歌曲故事「純屬虛構」，但仍相當具有時代意義，不論是島國下的異國戀，或是遠航而去的愛情，或是海洋、海港與漂泊的意象，彷彿都是臺灣人集體記憶的一部分。一首臺語流行歌如今搬演成一齣戲，要用一樣百年前發生在臺灣的劇種——歌仔戲，來演來唱，讓〈安平追想曲〉的故事與歌仔戲的百年歷史緊緊相扣。如此一來，編劇所要說的不僅僅是〈安平追想曲〉中的悲愴愛情，歌仔戲的百年命運與發展也隨之躍上舞臺。只是短短近三小時要說出這麼包袱沉重的歷史命運，這麼龐大內涵的戲劇發展，勢必要對於史實及故事加以剪裁與取捨，在上半場我們看到三月瘋媽祖、陣頭遊街、藝閣遶境及歌仔戲落地掃的庶民文化，下半場則有皇民化運動帶過。編劇雖然野心勃勃，但也讓人看到難以周全的難處。

為了將〈安平追想曲〉與歌仔戲的百年發展相連結，編劇在原曲故事之外增添了一位主角——金玉祿，一位純情瀟灑又酷愛歌仔戲的人物。如此一來，原曲中始亂終棄的故事竟成了三角戀情，隨著金玉祿在劇中的出現，歌仔戲的歷史也就自然而然帶入劇情中。但在有限的時空（不論是劇中兩代故事或是劇場演出的三小時）要呈現龐大的文化意象與歷史內涵，又要兼顧男女主角戲份的安排，編劇在愛情主線上只好多所跳接，像是第一代女主角金玉梅的突然過世，或是像林父最後是如何同意志強遠航，這些親人間的生離死別原本是可以灑狗血的，可是編劇一概淡化，甚至不說。至於歌仔戲發展史的呈現，也同樣出現極簡的敘事方式。如皇民化運動時期，歌仔戲遭遇打壓禁戲，為求生存只好穿上和服演出改良戲，關於這段大時代背景，編劇選擇完全不談，劇中僅僅是藉由一群戲班演員決定解散，便交代了皇民化運動時期歌仔戲的命運。當然為了顧及劇團幾位要角的演出機會與戲份，上半場的落地掃歌仔戲，不僅讓鄉土俚俗的表演轉化為雅緻風格，還讓原為男扮女裝的丑扮改為花旦上場。

三段傳統戲文　戲裡戲外呼應對話

筆者以為，真要說編劇想呈現歌仔戲百年歷史，不如說是想說說歌仔戲裡的戲文。藉由戲中戲的歌仔戲班來呈現臺灣歌仔戲的早期風貌，其實是很難全面也不容易完成的，尤其是還有男女情愛的主軸情節在前，更容易顧此失彼。全劇共有三段歌仔戲班演出的劇情，我們看到秀琴劇團演員展現傳統唱腔及身段，張秀琴、米雪、林佩儀都有精采的演出。不過若說這三段演出就包含歌仔戲發展的百年變遷，就是對於歌仔戲歷史的還原，這樣以簡馭繁的方式，顯然是很難讓人認同的。筆者反倒認為撇開大時代、大歷史的企圖，這三場折子戲的戲文內容，經過挪移和套用，竟能扣緊劇中人物的處境與命運，使全劇的戲裡戲外兩個層次產生呼應與對話，而有了時而疏離、時而貼近的美感。

利用戲中戲，讓臺下與臺上傳唱著同樣的遭遇、同樣的情感、同樣的命運，是許仙與白蛇的分離，也是玉梅與達利的拆散；是山伯英臺的生離死別，也是思荷與志強的分離；是王寶釧苦守寒窯十八年，也是金玉祿苦守戲班（或苦守對玉梅的思念）的等待。當觀眾透過虛（臺上的戲班）／實（臺下的玉梅、玉祿）交錯，某些片刻甚至也懷疑自己是否成了劇中人，也有這般的感受、這樣的命運。是編劇在說戲，而且是透過歌仔戲裡的戲文來說現實人生。其中戲中戲第三段「山伯英臺」（在下半場第四場〈黃昏戲班〉）的表現手法最為精采，當金玉祿站上戲臺演出最後一棚戲，唱著山伯英臺中的經典橋段〈訣別〉，臺上的玉祿雖然扮飾梁山伯，但他心思所想的卻是與自己今生無緣的玉梅，思荷在戲中戲的臺下穿起祝英臺戲衫與玉祿對唱【臺南哭】、【運河哭】，她心裡想的則是與自己有緣無份的少爺。舅甥兩人看似對戲，但唱詞內容與山伯英臺的命運竟也呼應了自己的處境與遭遇。事實上，在這場對手戲中，我們還可以看到第二重對話的空間被烘托出來，那就是思荷又成了玉梅，玉梅又成了祝英臺，玉祿與玉梅的生離死別，又轉化成梁山伯與祝英臺這部老戲文中的故事情節。

舞臺投影如詩如畫　歌仔新調婉轉動人

另外，《安平追想曲》能創造出如此精緻哀愁的美感，舞臺設計及影像設計可謂功不可沒，整齣戲在多媒體的運用上恰如其份，讓作品沉醉在如詩如畫的氛圍中。不論是寬闊流動的海景，還是大雨拍打的雨景，或是落葉繽紛的蕭瑟景象，都能如實如幻地烘托出場景情境。大片硬景也運用得宜，或海港，或戲臺，或金家豪宅大院，落落大方又不違背傳統戲曲的虛擬象徵意涵。

音樂部分也有諸多新意，音樂總監周以謙以【安平追想曲】旋律為基礎，依劇情需求，發展出多樣並統一的情境音樂，充滿臺語歌曲流行音樂風格的歌仔新調，讓人印象深刻。尤其是上下場對應出現的曲調【那個人】、【落雨聲】呼應了劇中人物的命運輪迴，更是讓人記憶深刻。而戲中戲的部分，落地掃歌仔戲演唱的【許漢文遇烏白蛇】，外臺戲演唱的【平貴回窯】、【山伯英臺】則是遵循古味，道道地地的歌仔調，讓觀眾在一陣新調之中還能回味原汁原味。

一齣戲成不成功，我想臺下觀眾是最好的評審。當我在觀眾席中聽到不絕於耳的啜泣聲，我想安平港的悲歡離合已經打動了許多人的心，在那當下或許有共鳴，或許某一條不安定的靈魂正被騷動著。「女人是海，怎樣能靠岸？思念的心，何時未孤單……一首歌，誰唱？誰唱予誰聽？」一處港口，一段島國記憶的流動，唱的是安平港的美麗與哀愁，唱的是百年來歌仔調裡的男男女女，唱的是臺下看戲看得潸然落淚的每一顆怦然心動的心。

刊登於《PAR 表演藝術》，第234期，2012年6月

附錄二
摩登歌仔戲　說出創意新蹊徑

在保有草根性的原初精神之下，這次演出可謂在現代劇場歌仔戲的一片精緻呼聲中另闢蹊徑，找到另一條可行之路——青春、草根、顛覆的活潑形象。真實的社會現象，可以留給參與故事其中的每一個人踹共，而歌仔戲的本位與程式，也不再定於一尊，因為誰都可以踹共！

一心戲劇團於2011年改編西方經典劇作《浮士德》而為《狂魂》，廣獲好評，今年再度推出跨文化編創作品《Mackie 踹共沒？》，將德國作家布萊希特（Bertolt Brecht）的經典黑色喜劇《三便士歌劇》*The Three-penny Opera* 改編成歌仔戲，並受邀參加第十四屆臺北藝術節。這次劇團將《Mackie 踹共沒？》定位為「摩登歌仔戲」，就這響亮的稱號看來，足以想見劇團試圖創造新潮流的企圖。

後設手法鮮明　真相愈說愈不明

《Mackie 踹共沒？》汲取原著精神以諷刺詼諧的手法審視社會百態、社會亂象。改編之後，將倫敦場景置換成中國古代封建社會中一個不存在的城市——龍城。時間點則是來到元宵節前夕，聲稱能夠傾聽人民心聲的皇帝，即將到訪已經滿城風雨的龍城。究竟皇帝的到來掀起了什麼事端？強盜頭目莫浩然為何成為親善王，城主又為何押解入獄，誰是壞人？誰是好人？這有如懸疑案的開端，在劇中人物各自表述、各自回溯中，劇情像剝洋蔥般，層層示現觀眾眼前。看似簡單的問題，然而卻是愈貼近愈遠離事實。也因此，一開始的神祕說書人便再三提醒觀眾：你所看到的只是我站在這裡，但你相信我所說的一切嗎？編劇意圖安排的故事情節，不斷地被說書人解構，整部作品後設手法相當鮮明。

《Mackie 踹共沒？》以跳躍式的敘述方式（非線性式），不分幕分場，運用倒敘手法，試圖帶領觀眾回顧整起事件的真相，編劇保有原著中的幾個重要人物——乞丐老闆、黑幫老大、警察，這三位社會上共生犯罪結構的人物。不同的是，《Mackie 踹共沒？》將原著中的男主角黑幫老大 Mackie 的名字轉化成虛構人物，並由劇中一位文弱書生捏造出來，而捏造出來的 Mackie 最後竟成了全民公敵。為了找出名叫 Mackie 的人，不惜查抄全城的賣雞販，只因 Mackie 音同「賣雞」，如此荒謬的情節，竟也合理地刻畫出各懷鬼胎的人物內心與毫無真理的社會現象。最後虎捕頭找了城主來當代罪羔羊，擺平了丐幫錢老闆及強盜頭目莫浩然的紛爭，粉飾了太平。無惡不作的強盜頭目成了親善王、無奸不成商的乞丐財團老闆，擴張了營利事業版圖、貪官虎捕頭貪汙收賄竟洗白又獲皇上恩寵，皇帝看到太平盛世的假象，也就信以為真地相信自己已經聽到了百姓的聲音。平民百姓也被這假假真真的表相，自動更新記憶，集體失憶。而當這位英明的皇帝（由何珈瑀小朋友演出）坐著龍輦從觀眾席出現，更是嘲諷了在上位者昏聵無能的形象。顛顛倒倒的時代，是歪理橫行、積非成是、黑白混沌。

幽默又諷刺　胡撇仔表演大家齊 High

劉建幗這位新世代的編劇家，在《金蘭情X誰是老大》便已充分展露跨界、跨文化、顛覆傳統的個人風格。《Mackie 踹共沒？》的跨文化編創，延續個人敘事風格，或顛覆或操弄，或融合或混搭，更甚而是解構了原著。在原著之外拼貼流行文化，更是《Mackie 踹共沒？》的另一大特色，融入眾多臺灣社會亂象和比連續劇還精采的新聞，大肆嘲弄臺灣諸多亂象：政客煽動族群的權力操弄、偽裝社會邊緣的人廉價同情、犯罪後司法的保護，以及名嘴文化，也被放入劇中來思考。這些屬於你我的荒謬社會實相，搬演於舞臺上，不僅引來觀眾的回響，更是讓這齣戲 high 到最高點，整部作品彷彿成了專屬臺灣的黑色幽默諷刺劇。不過也因為跳躍式敘述的情節，倒敘夾敘兼而用之，讓人偶有節奏過快而難以銜接的困惑。

導演劉守曜雖熟稔現代劇場，倒也能夠拿捏戲曲元素特質。特意跳脫現代劇場歌仔戲向來追求的精緻性與文學性，而選擇置入外臺胡撇仔戲的活潑熱鬧又華麗的表演方式。劇情遊走於古今，劇中人物的語彙亦古今夾雜，7-11、小三、示威抗議、搜索票、財團，這些現代語彙流竄於舞臺，胡撇仔戲的文化拼貼表露無遺。舞臺上演員也樂於與台下觀眾互動，多次與觀眾對話，邀觀眾入戲，這樣後設的表演手法，不僅破除了觀戲的疏離感，也讓現場觀眾大為雀躍。表演程式的跳 tone 還不僅於此，演員在陳述過往發生的事件時，以肢體動作倒帶方式還原真相；關說、收賄的黑金文化，以丟擲、接收飛盤（黑色飛盤）來象徵，這些演出方式完全跳脫傳統戲曲程式，充分吸收現代劇場及胡撇仔戲的元素，置換過程流暢，沒有彼此扞格之處。

演員孫詩珮、孫詩詠對於亦正亦邪的角色詮釋，也是跳脫了傳統行當的表演，孫詩詠詮釋流氓漂魄的風流小生（莫浩然）如魚得水，孫詩珮刻劃詼諧逗趣的丑角（錢老闆），歪嘴擠眉瞪眼的做表，讓人物活潑討喜。兩名小旦孫麗惠、陳昭薇的表現恰如其分拿捏得宜，情商特邀演出的陳子強（虎捕頭）也充分展露個人舞臺的魅力。另外，圍繞黑幫老大及錢老闆身邊的幾名配角，雖是甘草人物但也都卯足全力，為演出增色不少。可以說，整齣戲的鎂光焦點不再是集中於幾位明星要角，而是各有發揮相互抗衡。

外臺走入現代劇場　別於精緻的新蹊徑

另外，有別於以往的現代劇場歌仔戲慣用的國樂演奏，音樂設計何玉光讓《Mackie 踹共沒？》充滿搖滾爵士風，傳統曲調與新編曲調輪番上陣，時而很歌仔、時而很 rock。其中主題歌曲【什麼時代】、【波麗之歌】採用多重聲部合唱，又增添了 opera 的風格。在服裝設計上，也多新意，為角色所量身打造的造型長袍，恰巧提供演員逗趣身段的表現。

《Mackie 踹共沒？》將外臺歌仔戲元素劇場化，無論是音樂上的爵士搖滾風、與臺下觀眾互動的鬧場、即興語彙與表演的定本演出，我們都可以看到「一心戲劇團」從外臺廟會廣場走入現代劇場的刻意轉換。在保有草根性的原初精神之下，這次演出可謂在現在劇場歌仔戲的一片精緻呼聲中另闢了蹊徑，找到另一條可行之路——青春、草根、顛覆的活潑形象。真實的社會現象，可以留給參與故事其中的每一個人踹共，而歌仔戲的本位與程式，也不再定於一尊，因為誰都可以踹共！只不過各自表述之後，我們更期待下一次的發聲是不是依舊能挑動觀眾的聽覺與視覺。歌仔戲的歷史仍被書寫，樂見更多的劇團一起踹共！

（刊登於《PAR 表演藝術》，第238期，2012年10月）

附錄三
歌仔戲的不朽文學

> 《燕歌行》是一齣抒情寫意動人心弦的歌仔戲文學作品，也是一齣集眾人之力，追求理想的創作，好戲可以令人沉吟再三、可以傳世、可以不朽。我相信，演出之後，曹丕將不再是「一個寂寞到了底的男人」。

三國時期曹氏三父子：曹操、曹丕、曹植，可說是中國歷史上空前絕後的政治文人家族，不論是戲劇、電影還是電玩，以之為題材的創作可謂不少。曹植在建安七子中獨占鰲頭，《洛神賦》更是讓他聲名大噪，奠定了他在中國文學史上的地位。《洛神賦》中唯美浪漫情思往往令人有著無限的遐想，曹植與甄宓也因之被視為才子配佳人。就在電視歌仔戲大受歡迎的時期，「楊麗花歌仔戲團」曾於一九八四年及一九九四年兩度製作《洛神》，九四年的《洛神》還為曹植（楊麗花飾）與甄宓（馮寶寶飾）的前世今生大書特書，強化兩人愛情的命定與無奈。如今唐美雲歌仔戲團讓這段叔嫂之戀重新審視，不同的是，這位因著《洛神賦》而千百年來背負妻子不忠貞的寂寞男子——曹丕，則是登上了主位。這回他要親自出馬，和歷史重新對話，要談嚴父、要談愛妻、要談手足，這就是唐美雲歌仔戲團創團十五周年作品——《燕歌行》。

解開曹丕寂寞枷鎖　塑造甄宓女性自覺

曹丕文韜武略，除了是位軍事家、政治家，也是一位文學涵養深厚的詩人，其〈燕歌行〉是中國文學史上第一首形式完整的七言詩，清新淡雅的筆法格調，卻因「篡漢」之名而較少為人注意。編劇施如芳為他抱屈，在重構曹氏父子兄弟的恩怨情仇時，不忘以其作品為題，因而將此劇名為《燕歌行》。這對於早已經將文章視為「經國之大業，不朽之盛事」的曹丕而言，無疑是覓得知音。重新觀照這位似乎有無限心事的男子，《燕歌行》試圖解開這層層寂寞的枷鎖，堆疊出歷史中有喜有悲的曹丕。

《燕歌行》或許讓觀眾抱著些許寂寞與微涼，因為劇中曹丕與甄宓並沒有轟轟烈烈的浪漫愛情。甄宓誠實傾聽自己心中的聲音，將曹植的愛慕，視為女人年華對照下的虛榮，幾許悸動的平添，不過是女人心底最深處的幽微蕩漾，無關乎忠貞與否，女性自覺意識不言而喻。史實上，曹丕最後賜死甄宓，然而這樣的結局，是無法滿足編劇對於甄宓的憐惜與相印，於是決定讓甄宓拿回身體自主權，選擇自我了斷。臨死前刻對兒子曹睿說道：「不管你身上流著的是袁家血還是曹家血，你是我的骨肉、我的孩子。」不固著於孩子血源的問題，而從母親的愛子天性切入，甄宓活出《洛神賦》外之一章，跳脫了稗官野史上的美女形象，保全孩子的甄宓，突顯出「為母則強」的特質。

浮現深情丈夫　彌補父子親情

曹丕看到曹植悼念甄宓所寫的《洛神賦》，理當怒氣難平，甚至應該湮滅這部兩人曖昧情愫的證據，可是曹丕是懂得文學的，他知道

《洛神賦》將是曹植的不朽之作，加上對甄宓的虧欠與思念，他決定讓《洛神賦》流傳於世，讓甄宓脫俗仙品般的美人形象恆存歷史。編劇提醒了我們，這若不是曹丕的成全，甄宓與曹植不會有如此浪漫而懸念的愛情故事流傳於世。曹植將他對甄宓的情愫化作文字，曹丕則以成全的態度，讓甄宓的絕美永遠駐留在世人心中，這一切看似隱忍，其實背後有更難忘的初衷與罣礙，只因為他說：「這是我承受得住的」，曹丕此刻成了柔情夫婿。沒有賜死甄宓、又能夠以最深沉的愛來包容成全，編劇確實成功地撥開了歷史皺褶中曹丕不被看見的一席——丈夫。

除了與甄宓之間的夫妻之情，編劇企圖找回曹丕生命中另一個空缺——父子親情。不被父親理解與認同的曹丕，如何能夠重新喚回父親關愛的注視，編劇選擇讓曹操死後的靈魂來救贖曹丕。曹操死後魂魄歸來，勸說曹丕登基為王，曹丕的野心有了自圓其說的出口，也一圓父親的帝王夢。至此，父子關係有了連結，曹丕得到父親最大的認可，不再孤單。至於曹丕與曹植之間的手足情誼，編劇也為「本是同根生，相煎何太急」的兄弟心結找到答案，得到父母寵愛及上天賜予絕好天賦的曹植，已讓曹丕妒意萌生，而不拘禮教愛慕兄嫂的行徑，更是讓原本的鬩牆無法填補。

為了挖掘曹丕的內心世界，編劇特意安排了不死靈之一角，不死靈既扮演著說書人角色，也像是曹丕的靈魂，在曹丕內心戲的詮釋上，扮演著重要職位。不死靈穿越時空，遊走二度空間，帶出三次喪隊：曹丕夢境、曹操歸西、甄宓離世，這三場串聯，讓虛實意境交錯，戲劇節奏轉換流暢，不死靈可說是居功厥偉。

舞臺呈現節奏緊湊　音樂成功營造氛圍

如果說編劇為曹丕創造了新生命，那麼整齣戲的製作團隊則是讓曹丕真正活在舞臺上了！導演戴君芳熟稔傳統戲曲，善於跨界融合，戲劇節奏掌握讓人驚豔。除了今昔交錯、正敘倒敘游刃有餘，在場面調度安排上相當從容緊湊。曹丕在甄宓自縊後，忽覺愛妻的白幡魂轎轉為紅花喜轎，回想兩人初識悲從中來，白紅歌隊魚貫而出，追憶似水流洩氍毹；曹丕接受亡父勸說登基為王，遂與曹操踩著同樣步伐，昂首向前，登上銅雀臺，令人屏氣凝神的舞臺氛圍，充分傳遞出繼承父志的象徵意涵。

舞臺設計王世信為整齣戲創造了一個如幻似影的基調，亦是讓整齣戲脫俗之處。整座舞臺是約莫30度傾斜的黑亮面地板，上場人物倒影其中，撲朔迷離的歷史幻境真實呈現。布景以漢代漆器及朱玄二色為主，簡潔而優雅。多媒體影像的運用雖跳脫古樸氛圍，卻也為整齣戲增色不少。音樂設計有賴德和整體音樂設計，又有劉文亮編腔，音樂的營造充分契合情境的醞釀與烘托，尤其是在人物情緒的鋪陳上，音樂的掌握可謂相當成功，整場演出有如是一場音樂饗宴，令人大呼過癮。當然，把這些歷史人物召喚出來的重要功臣——演員，也是這齣戲能夠擄獲觀眾的原因。唐美雲、許秀年、呂瓊斌、小咪、許仙姬、林芳儀等重量級演員，各個精彩表現，形神合一的演技，讓觀眾大飽眼福。

《燕歌行》是一齣抒情寫意動人心弦的歌仔戲文學作品，也是一齣集眾人之力，追求理想的創作，好戲可以令人沉吟再三、可以傳世、可以不朽。我相信，演出之後，曹丕將不再是「一個寂寞到了底的男人」。

（刊登於《PAR 表演藝術》第240期，2012年12月）

參考文獻

中文專書

王安祈　《臺灣京劇五十年》　宜蘭縣　國立傳統藝術中心　2002年

王嵩山　《扮仙與作戲》　臺北縣　稻鄉　1988年

布萊希特　（Bertolt Brecht）著，高士彥譯《布萊希特戲劇選》，人民文學出版社，1978年

布萊希特（Bertolt Brecht）著，劉森堯譯　《四川好女人》（*The Good Woman of Setzuan*）　臺北市　書林出版社　2006年

布羅凱特（Oscar G.Brockett）著，胡耀恆譯　《世界戲劇藝術欣賞》　臺北市　志文出版社　1989年

石光生　《跨文化劇場：傳播與詮釋》　臺北市　書林出版社　2008年

朱光潛　《悲劇心理學》　臺北市　日臻出版社　1995年

朱芳慧　《跨文化戲曲改編研究》　臺北市　國家出版社　2012年

朱芳慧　《當代戲劇鑑賞與評論》　臺北市　五南出版社　2017年

佐倉孫三　《臺風雜記》　東京　國光社　1903年

呂訴上　《臺灣電影戲劇史》　臺北市　銀華出版社　1961初版、1991再版

李豐楙　〈神化與謫凡：元代度脫劇的主題及其時代意義〉，《文學、文化與世變第三屆國際漢學會議論文集文學組》　臺北市　中央研究院中國文哲研究所，2002年

邢子青　〈上帝與撒旦的賭局〉，收錄於《白遼士：浮士德的天譴》　臺北市　麥田出版社，2003年

亞里斯多德（Aristotle）著，陳中梅譯注　《詩學》　臺北市　商務出版社　2001年

亞里斯多德（Aristotle）著，劉效鵬譯　《詩學》　臺北市　五南出版社　2008年

林鶴宜　《臺灣戲劇史》　臺北市　臺大出版社　2015年

邱坤良　《舊劇與新劇：日治時期臺灣戲劇之研究（1895-1945）》　臺北市：自立晚報　1992年

邱坤良　《拱樂社劇本整理計畫》　臺北市　傳藝中心籌備處　2001年

邱坤良　《陳澄三與拱樂社》　臺北市　傳藝中心籌備處　2001年

邱坤良　《漂浪舞臺：台灣大眾劇場年代》　臺北市　遠流出版社　2008年

施如芳　《願結無情遊：施如芳歌仔戲劇本集》　臺北市　聯經出版社　2010年

段馨君　《西方經典在臺灣劇場：改編與轉化》　新竹市　交大出版社　2012年

索發克里斯（Sophcles）著，胡耀恆、胡宗文譯注　《伊底帕斯王》　臺北市　桂冠出版社　1998年

馬　婁　（christopher Marlowe）著，張靜二譯　《浮士德博士：The Tragicall Hiftorie of the Life and Death of Doctor Faustus》　臺北市　聯經出版社　2001年

馬　森　《中國現代戲劇的兩度西潮》　臺北市　文化生活新知　1991年

陳　芳　《「莎戲曲」：跨文化改編與演繹》　臺北市　師範大學出版社，2012年

陳　芳　《抒情、表演、跨文化：當代莎戲曲研究》　臺北市　師範大學出版社　2018年

陳芳主編　《戲曲易容術專題》　臺南市　臺南人劇團　2010年

曾永義　《臺灣歌仔戲的發展與變遷》　臺北市　聯經出版社　1988年

曾永義　〈臺灣歌仔戲之近況及其因應之道〉，收錄於《海峽兩岸歌仔戲學術研討會論文集》　臺北市　行政院文化建設委員會出版　1996年

黃　仁　《悲情台語片》　臺北市　萬象圖書股份有限公司出版　1994年

黃毓秀、曾珍珍合譯　《希臘悲劇》　臺北市　書林出版社　1984年

楊莉莉　〈歷盡宇宙乾坤之作——談《浮士德的天譴》的舞臺演出〉，收錄於《白遼士：浮士德的天譴》　臺北市　麥田出版社　2003年

楊馥菱　《臺閩歌仔戲之比較研究》　臺北市　學海出版社　2001年

楊馥菱　《臺灣歌仔戲史》　臺中市　晨星出版社　2002年

楊馥菱　〈歌仔戲的跨文化編創——談梨園天神的兩次創作〉　收入於《2011跨越與實踐：戲曲表演藝術學術論文集》（合著）　臺北市　文津出版社　2011年

歌德著，周學普譯　《浮士德》　臺北市　志文出版社　1981年

劉建幗　《Mackie 踹共沒？》　劇本改編初稿及演出稿　未出版

盧健英　《絕境萌芽：吳興國的當代傳奇》　臺北市　天下遠見　2006年

戴雅雯（Catherine Diamond）著，呂健忠譯：《做戲瘋，看戲傻：十年所見臺灣劇場的觀眾與表演（1988-1998）》　臺北市　書林出版　2000年

鍾明德　《繼續前衛——尋找整體藝術和當代臺北文化》　臺北市書林出版社　1996年

期刊論文

王安祈　〈竹林中的探險——觀《羅生門》戲曲演出〉　《PAR 表演藝術》　第67期　1998年7月　頁73-77

王安祈　〈戲曲現代化風潮下的逆向思考——從兩岸創新劇作概況談起〉　《中華戲曲》第二十一輯　1998年5月

王禎和　〈歌仔戲仍是尚未定型的地方戲——訪陳聰明導演〉　《臺灣電視週刊》　第742期　1976年12月

王璦玲　〈論明清傳奇名作中「情境呈現」與「情節發展」之關聯性〉　《中國文哲研究集刊》　第4期　1994年3月　頁549-592

呂健忠　〈戲曲舞臺上的伊底帕斯——從《孽緣報》看跨文化改編的困境〉　《中外文學》　第24卷第6期　1995年11月　頁149-166

呂訴上　〈七七抗戰後的臺灣劇運〉　《臺北文物》　三卷二期　1954年8月

李羿伶　〈論海山戲館《惡女嬌妻》的跨文化呈現〉　《台藝戲劇學刊》　第四期　2008年9月

李惠綿　〈析論元代佛教度脫劇——以佛教「度」與「解脫」概念為詮釋觀點〉　臺灣大學佛學研究中心《佛學研究中心學報》　第6期　2001年7月

赤星南風　〈即刻斷然禁止臺灣戲劇〉　《臺灣藝術新報》　五卷八號　1939年8月

林鶴宜　〈東方即興劇場：歌仔戲『做活戲』的演員即興表演機制和養成訓練〉　《戲劇學刊》　第13期　2011年　頁65-101

林鶴宜　〈臺灣歌仔戲「做活戲」的演員即興表演與劇目創作參與〉　《民俗曲藝》　第175期　2012年3月　頁107-175

高詩婷　〈河洛歌子戲《太子復仇》與莎士比亞《哈姆雷特》之比較研究〉,《輔大中研所學刊》　第十八期　2007年10月

曾永義　〈從明人的『當行本色』論說『評騭戲曲』應有之態度與方法〉　中山大學中國文學系《文與哲》　第26期　2015年6月

程其恆　〈從統計數字看影劇宣傳力量〉　《地方戲劇雜誌》創刊號　1956年

楊馥菱　〈臺灣拱樂社錄音團研究〉　臺北市立大學《應用語文學報》　第6期　2004年　頁151-167

楊馥菱　〈一曲傳唱，一劇搬演〉　《PAR 表演藝術》　第234期　2012年6月　頁74-75

楊馥菱　〈摩登歌仔戲說出創意新蹊徑〉　《PAR 表演藝術》　第238期　2012年10月　頁74-75

楊馥菱　〈一心歌仔戲《狂魂》改編浮士德之書寫策略探討〉　臺灣戲曲學院《戲曲學報》　第19期　2018年12月

劉南芳　〈電視劇乎？歌仔戲乎？評梨園天神〉　《PAR 表演藝術》　第78期　1999年　頁50-51

蘇珮瑤　〈七子調的歌劇魅影——唐美雲歌仔戲團創團作梨園天神〉　《PAR 表演藝術》　第75期　1999年　頁25-27

碩博論文

林兆烜　《沉淪與昇華：論馬羅的《浮士德博士》與哥德的《浮士德》中兩位主角的心靈的擺盪與反轉》　文化大學英國語文學研究所碩士論文　2005年

林智莉　《現存元人宗教劇研究》　臺灣大學中國文學研究所碩士論文　1999年

施如芳　《歌仔戲電影研究》　藝術學院傳統藝術研究所碩士論文　1997年

郭錦秀　《馬婁浮士德博士悲劇史之翻譯及其內文暨當代重要演出研究》　臺灣大學戲劇研究所碩士論文　1997年

陳秀娟　《臺灣歌仔戲的演變過程：一項人類學的研究》　臺灣大學人類學研究所碩士論文　1987年

黃千凌　《當代臺灣戲曲跨文化改編（1981-2001）》　臺灣大學戲劇研究所碩士論文　2001年

劉南芳　《由拱樂社看臺灣歌仔戲之發展與轉型》　東吳大學中文研所碩士論文　1988年

謝筱玫　《臺北地區外台歌仔戲「胡撇仔」劇目研究》　臺灣大學戲劇研究所碩士論文　2000年

報紙

白　克　〈薛平貴與王寶釧〉　《聯合報》　第6版　1956年1月6日

曾永義　〈妙手建設新文化〉　《聯合報》　文化廣場　1993年1月6日

聯合報編輯　〈桃花江〉　《聯合報》　第3版　1956年11月13日
謝筱玫　〈《罪》在何處？〉　民生報　A10文化風信　2006年1月18日

學術會議論文

王亞維　〈探索歌仔戲電影的產製環境與影響——以香港廈語古裝歌唱片為對照〉　發表於文化大學中國戲劇系「2018影像・印象戲曲傳播在當代媒體之回顧與發展國際學術研會」　2018年11月16日
邱坤良　〈新劇與戲曲的舞臺轉換——以廖和春(1918-1998)劇團生活為例〉,「兩岸戲曲的回顧與展望研討會」　1999年8月

英文文獻

Bharucha, Rustom. *Theatre and the World. London*. New York: Routledge, 1993.

Jacqueline Lo and Helen Gilbert, *Towards Topography of Cross-Cultureal Theartre Praxis*, TDR, 2002.

Julie, Sanders. *Adaptation and Appropriation*, New York: Routledge, Julie 2006.

Partice, Pavis. *Theatre at the Crossroad of Culture*. London: Routlege. 1992.

Pavis, Patrice. *The Intercultural Performance Reader.* London; New York: Routledge, 1996.

Richard, Schechner. *Performance Studies: An introduction.* London, New York: Routledge, 2002.

節目手冊

一心戲劇團　《Mackie 踹共沒？》節目手冊　2012年9月1日至2日
一心戲劇團　《狂魂》節目手冊　2011年12月17日至18日
唐美雲歌仔戲團　《梨園天神》　節目手冊　1999年3月12日至14日
唐美雲歌仔戲團　《梨園天神桂郎君》節目手冊　2006年4月14日至15日

影像資料

一心戲劇團　《狂魂》DVD　一心戲劇團出版　2011年
一心戲劇團　《Mackie 踹共沒？》DVD　未出版　2012年
李香秀　《消失的王國：拱樂社》紀錄片　1999年
秀琴歌劇團　《罪》DVD　未出版　2001年
唐美雲歌仔戲團　《梨園天神》DVD　武童文化事業有限公司出版　1999年
唐美雲歌仔戲團　《梨園天神桂郎君》DVD　武童文化事業有限公司出版　2006年

網路資料

盧景文　〈浮士德：傳說、文學與歌劇〉（http://jocelyn-maria-ma.xanga.com/291810826/item/）　筆者檢索時間為2012年6月30日

文學研究叢書·戲曲研究叢刊 0808003

臺灣歌仔戲跨文化現象研究

作　者　楊馥菱
責任編輯　陳胤慧

發 行 人　林慶彰
總 經 理　梁錦興
總 編 輯　張晏瑞
編 輯 所　萬卷樓圖書股份有限公司
排　版　林曉敏
印　刷　博創印藝文化有限公司
封面設計　斐類設計工作室

發　行　萬卷樓圖書股份有限公司
臺北市羅斯福路二段 41 號 6 樓之 3
電話 (02)23216565
傳真 (02)23218698
電郵 SERVICE@WANJUAN.COM.TW
香港經銷　香港聯合書刊物流有限公司
電話 (852)21502100
傳真 (852)23560735

ISBN 978-986-478-305-2
2020 年 9 月初版三刷
2019 年 10 月初版二刷
2019 年 7 月初版一刷
定價：新臺幣 360 元

如何購買本書：
1. 劃撥購書，請透過以下郵政劃撥帳號：
帳號：15624015
戶名：萬卷樓圖書股份有限公司
2. 轉帳購書，請透過以下帳戶
合作金庫銀行　古亭分行
戶名：萬卷樓圖書股份有限公司
帳號：0877717092596
3. 網路購書，請透過萬卷樓網站
網址 WWW.WANJUAN.COM.TW
大量購書，請直接聯繫我們，將有專人為您服務。客服：(02)23216565 分機 610

如有缺頁、破損或裝訂錯誤，請寄回更換

國家圖書館出版品預行編目資料

臺灣歌仔戲跨文化現象研究 / 楊馥菱著. -- 初版. -- 臺北市 : 萬卷樓, 2019.07
面；　公分. –
(文學研究叢書.戲曲研究叢刊；0808003)
ISBN 978-986-478-305-2(平裝)
1.歌仔戲 2.戲劇史 3.跨文化研究 4.臺灣
983.33　108012300